Schöningh
westermann

W0405930

EinFach Deutsch

Unterrichtsmodell

Hartmut Lange

Das Haus in der Dorotheenstraße

Judith Hermann

Sommerhaus, später

Von
Alexandra Wölke

Herausgegeben von
Johannes Diekhans

Judith Hermann,
Sommerhaus, später

Baustein 2: Die didaktische Aufbereitung der Erzählung (S. 67 – 102 im Modell)

2.1	Die Frage des Einstiegs	gesamter Text	Figurenrequisite Schreibauftrag „Klappentext“ Coverbild-Gestaltung
2.2	Die Fahrt nach Canitz – Eine Betrachtung aus verschiedenen Sichtweisen	Anfang der Erzählung	Textanalyse Schreibauftrag mit Perspektivenwechsel Tafelskizze
2.3	Das Sommerhaus und seine Symbolik	gesamter Text	Textanalyse Gestaltungsauftrag Tafelskizze Arbeitsblatt 1
2.4	Die Clique – Spiegel des Lebensgefühls einer Generation?	gesamter Text	Textanalyse Gruppenarbeit (Recherche und Präsentationen) Tafelskizze
2.5	„Später“ – Signatur eines verfehlten Lebens	Ende der Erzählung	Textanalyse Schreibauftrag Tafelskizze Arbeitsblatt 2
2.6	Die Erzählung im Vergleich mit der Novelle „Die Marquise von O.“ von Heinrich von Kleist	gesamter Text, „Die Marquise von O.“ von Heinrich von Kleist	kriteriengeleiteter Textvergleich tabellarische Übersicht

Hartmut Lange: Das Haus in der Dorotheenstraße

Hartmut Lange,
Das Haus in der Dorotheenstraße

Baustein 1: Die didaktische Aufbereitung der Novelle (S. 20 – 66 im Modell)			
1.1	Die Frage des Einstiegs	gesamter Text	Figurenskulptur Schreibauftrag Gestaltung eines Coverbildes
1.2	Gottfried Klausen – Vorstellung eines Rationalisten	Kapitel 1	Textanalyse Tafelskizze
1.3	Zur Erzählweise und Gattung „Novelle“	gesamter Text Exkurs	Textaufbau Tafelskizzen Mindmap Schreibauftrag Arbeitsblatt 1
1.4	Szenen einer Ehe – Analyse vor dem Hintergrund des Strukturmodells der Psyche von Sigmund Freud	gesamter Text	Textanalyse Tafelskizze Arbeitsblatt 2
1.5	Die Wahrnehmung der Wirklichkeit – Symptom für die innere Befindlichkeit	gesamter Text	Experiment zur Wahrnehmung Textanalyse Tafelskizze Arbeitsblätter 3 – 4
1.6	Zum Intertext – Erschließung der Figur „Othello“ und ihrer Funktion in der Novelle	Kapitel 2, 5	Textanalyse Tafelskizzen Arbeitsblatt 5 Zusatzmaterial 2
1.7	Zur Person des Autors und seiner Erzählkunst	Exkurs	textübergreifender Ansatz Arbeitsblätter 6 – 7 Tafelskizzen
1.8	Die Novelle im Vergleich mit Texten von Heinrich von Kleist und E.T.A. Hoffmann	gesamter Text, H. von Kleist, „Die Marquise von O.“, und E.T.A. Hoffmann, „Der Sandmann“	kriteriengeleiteter Vergleich tabellarische Übersicht

Bildnachweis:

|akg-images GmbH, Berlin: 49, 49; De Agostini Picture Lib./G. Dagli Orti 49; Sputnik 49. |Diogenes Verlag AG, Zürich: 9, 51, 62. |fotolia.com, New York: Jiri Vondrous 48; Licht und Blindheit 48; © Renáta Sedmáková 48. |Jacoby, Holger, Dortmund: www.holger-jacoby.de 91, 98. |Picture-Alliance GmbH, Frankfurt/M.: Bildagentur Huber/Damm, F. 48; dpa/Elsner, Erwin 90; maxppp/van Montagu, Philippe 48; Monheim, Florian/von Götz, Roman 48; ZB/Büttner, Jens 48. |S. Fischer Verlag GmbH, Frankfurt/Main: 9, 98. |SPIEGEL-Verlag Rudolf Augstein GmbH & Co. KG, Hamburg: DER SPIEGEL 51/1959 46. |ullstein bild, Berlin: 48; Andree 50, 62.

westermann GRUPPE

Westermann Schroedel Diesterweg Schöningh Winklers GmbH, Braunschweig
www.westermann.de

Druck A² / Jahr 2018
Alle Drucke der Serie A sind im Unterricht parallel verwendbar.

Umschlaggestaltung: Jennifer Kirchhof
Druck und Bindung: Westermann Druck GmbH, Braunschweig

ISBN 978-3-14-**022693**-6

Vorwort

Der vorliegende Band ist Teil einer Reihe, die Lehrerinnen und Lehrern erprobte und an den Bedürfnissen der Schulpraxis orientierte Unterrichtsmodelle zu ausgewählten Ganzschriften und weiteren relevanten Themen des Faches Deutsch bietet.
Im Mittelpunkt der Modelle stehen Bausteine, die jeweils thematische Schwerpunkte mit entsprechenden Untergliederungen beinhalten.
In übersichtlich gestalteter Form erhält der Benutzer/die Benutzerin zunächst einen Überblick zu den im Modell ausführlich behandelten Bausteinen.

Es folgen:

- Hinweise zu den Handlungsträgern
- Zusammenfassung des Inhalts und der Handlungsstruktur
- Vorüberlegungen zum Einsatz der Werke im Unterricht
- Hinweise zur Konzeption des Modells
- Ausführliche Darstellung der einzelnen Bausteine
- Zusatzmaterialien

Ein besonderes Merkmal der Unterrichtsmodelle ist die Praxisorientierung. Enthalten sind kopierfähige Arbeitsblätter, Vorschläge für Klassen- und Kursarbeiten, Tafelbilder, konkrete Arbeitsaufträge, Projektvorschläge. Handlungsorientierte Methoden sind in gleicher Weise berücksichtigt wie eher traditionelle Verfahren der Texterschließung und -bearbeitung.
Das Bausteinprinzip ermöglicht es dabei den Benutzern, Unterrichtsreihen in unterschiedlicher Weise und mit unterschiedlichen thematischen Akzentuierungen zu konzipieren. Auf diese Weise erleichtern die Modelle die Unterrichtsvorbereitung und tragen zu einer Entlastung der Benutzer bei.

Die Texte von Hartmut Lange und Judith Hermann befinden sich in den Zusatzmaterialien. Abdruck erfolgt mit freundlicher Genehmigung.

Arbeitsfrage

Einzelarbeit

Partnerarbeit

Gruppenarbeit

Unterrichts-gespräch

Schreibauftrag

szenisches Spiel, Rollenspiel

Mal- und Zeichenauftrag

Bastelauftrag

Projekt, offene Aufgabe

Inhaltsverzeichnis

„Put out the light!“, rief er, und wenig später, nachdem er eingetreten war, man hörte noch eine Tür klappen, erloschen im Haus an der Dorotheenstraße die Lampen. Das Haus lag in völliger Dunkelheit.

Aus: Hartmut Lange: Das Haus in der Dorotheenstraße. Diogenes Verlag, Zürich 2013, S. 93

Ich ging in die Küche und stand zehn Minuten lang stumpfsinnig vor dem Herd herum. Die Uhr über dem Herd tickte. Ich lief ins hintere Zimmer, zog die Schreibtischschublade auf und legte den Briefumschlag zu den anderen Karten und dem Schlüsselbund. Ich dachte: „Später.“

Aus: Judith Hermann: Sommerhaus, später. S. Fischer Verlag, Frankfurt 1998, S. 156

Vorüberlegungen

„Als ich vor 16 Jahren anfing, [...] zu studieren, gab es noch keine gesamtdeutsche Popliteratur. Es gab überhaupt keine jungen Autoren. [...] An den Schulen hörte die Gegenwartsliteratur bei Wolfgang Borchert auf. Auch sämtliche meiner Lieblingsautoren teilten zwei Eigenschaften: Sie waren erstens männlich und zweitens tot."

Juli Zeh, aus: „Treideln", Frankfurter Poetikvorlesungen, München 2015)

An dem kurzen Zitat wird deutlich, wie sehr sich nicht nur das Bild eines Schriftstellers und die Vorstellungen über Literatur, sondern auch die Theorie und Praxis des Deutschunterrichts verändert haben. Die beiden hier für den Unterricht bearbeiteten Texte, die Novelle „Das Haus in der Dorotheenstraße" von Hartmut Lange und die Erzählung „Sommerhaus, später" von Judith Hermann, beide inhaltliche Vorgaben für das Zentralabitur in Nordrhein-Westfalen, zeigen, dass die Gegenwartsliteratur einen festen Platz im Deutschunterricht hat. Zu Recht, denn es besteht die begründete Hoffnung, mit dieser Wahl nicht nur die Schülerinnen und Schüler ansprechen und motivieren, sondern auch den Blick auf aktuelle Entwicklungen in der Literatur und deren Potenzial richten zu können.
Die Novelle von Hartmut Lange, der auch als ein „Meister dieses Genres"[1] gefeiert wird, erreicht seine Wirkung beim Leser paradoxerweise vor allem durch das, was nicht erzählt, sondern lediglich angedeutet wird. Dabei ist es dieses Schweben zwischen der im Alltag eines Auslandsjournalisten situierten Handlung und den sich dahinter verbergenden menschlichen Abgründen, was der Novelle ihren Reiz verleiht. Das Gefühl beim Lesen, ein zunächst nur unmerkliches und sich später steigerndes Grauen, gibt dabei den Blick frei auf eine schon sicher geglaubte, dann aber doch ins Wanken geratende und in die Haltlosigkeit stürzende Existenz. Damit wirft die Novelle philosophisch-anthropologische Fragestellungen nach dem Sinn oder dem Irrsinn unseres Daseins sowie der Möglichkeit oder Unmöglichkeit der Liebe auf, ohne darauf eine Antwort anzubieten, und fordert seine Leser entsprechend heraus.
Didaktisch wird in diesem Modell vorgeschlagen, sich dem Werk einerseits formal – durch die differenzierte Untersuchung der Erzählweise – und andererseits inhaltlich – durch die Annäherung an die subjektive Wahrnehmung der Hauptfigur sowie durch den Vergleich mit dessen „Alter Ego" in Gestalt der Dramenfigur Othello – anzunähern. Darüber hinaus werden auch Bezüge zum Gesamtwerk und zur Biografie des Autors sowie zum impliziten philosophisch-anthropologischen Diskurs hergestellt, um das Werk in seinem Kontext betrachten und angemessen würdigen zu können.
Im Bereich des Grundkurses scheint die Wahl für die Erzählung „Sommerhaus, später" von Judith Hermann, die mit diesem Band einen enormen Erfolg gefeiert hat und damit bereits Eingang in die Schulpraxis gefunden hat, vor allem mit Blick auf die Funktion von Literatur, die Zeichen der Zeit zu erspüren, fiktiv zu brechen und gleichzeitig zu spiegeln, getroffen worden zu sein. So verweist die Ich-Erzählerin in ihrer lähmenden Unfähigkeit, sich zu entscheiden und Verantwortung für das eigene Leben zu übernehmen, auf die Paradoxien unserer gegenwärtigen Zeit, deren fast grenzenlose Möglichkeiten und individuelle Freiheiten nicht per se autonome, glückliche und sich selbst verwirklichende Subjekte, sondern manchmal auch Gleichgültigkeit, Selbstverlust, Liebesunfähigkeit und Depression hervorbringen.
Damit erscheint es didaktisch geboten, in der Erarbeitung zunächst einmal differenziert die hier vorgestellte Liebesbeziehung einschließlich der gescheiterten Kommunikation zu untersuchen und dabei auch die Frage nach einem möglichen zeitdiagnostischen Gehalt der Erzählung aufzuwerfen. Des Weiteren bietet „Sommerhaus, später" insofern, als die Indiffe-

[1] So der Rezensent Walter Hinck in einer Rezension zum Novellenband, Quelle: http://www.faz.net/aktuell/feuilleton/buecher/rezensionen/belletristik/hartmut-lange-das-haus-in-der-dorotheenstrasse-wer-der-kraehe-folgt-ist-halb-schon-verloren-12198342-p2.html?printPagedArticle=true#pageIndex_2 (Aufruf: 21.3.2017)

renz und das damit verbundene Scheitern der Figuren eine emotionale Reaktion des Lesers provozieren und zudem der Leser zwischen den Zeilen vieles erahnen kann, was der Ich-Erzählerin nicht bewusst ist, viele Ansatzpunkte für handlungs- und produktionsorientierte Verfahrensweisen im Unterricht. Dabei dürfte es besonders reizvoll sein, die Leerstellen, die sich gerade in den wichtigsten Fragen und Lebensbereichen auftun, weil die Protagonisten sprach- und handlungsunfähig sind, inhaltlich zu füllen und damit gleichermaßen stellvertretend für die Figuren das Geschehen unter ethischen Fragestellungen zu reflektieren.

Die Texte, kopierfähig aufbereitet, sowie **Vorschläge für Klausuren** finden sich jeweils im Zusatzmaterial.

Darüber hinaus enden die beiden Bausteine mit einem Vorschlag für einen kriteriengeleiteten Vergleich mit den Novellen **„Der Sandmann“** und **„Die Marquise von O.“** von E.T.A Hoffmann bzw. Heinrich von Kleist.

Hartmut Lange: Das Haus in der Dorotheenstraße

1 Inhalt

Die Novelle „Das Haus in der Dorotheenstraße“ von Hartmut Lange, die im Jahre 2013 erschienen ist, thematisiert den Einbruch des Wahnsinns und des Irrationalen in das vordergründig geordnete Leben eines Mannes.
Gottfried Klausen, ein scheinbar glücklich verheirateter Mann mit Wohnsitz in einem Außenbezirk von Berlin, übernimmt eine Stelle als Auslandskorrespondent und zieht aus beruflichen Verpflichtungen heraus nach London. Seine Frau Xenia jedoch bleibt im Haus an der Dorotheenstraße wohnen und meldet sich seit der räumlichen Trennung nur selten telefonisch bei ihrem Mann. Alle Versuche seinerseits, die Verbindung zu halten und zu intensivieren, scheitern, weil Xenia zunächst nur selten an ihr Handy geht, sich dort später eine Männerstimme meldet und sie ihren auf dem Londoner Flughafen wartenden Mann schließlich versetzt.
In das Bewusstsein von Gottfried Klausen, der zunächst versucht, diese Irritationen durch rationale Überlegungen und ein übergroßes Verständnis zu erklären, schleichen sich unmerklich ihm fremde, irrationale Impulse ein. Übersteigertes Empfinden angesichts des Untreue-Verdachts und schließlich Wahnsinn werden dabei repräsentiert durch die Dramenfigur des Othello, welcher aufgrund einer Intrige glaubt, seine Frau betrüge ihn, und diese schließlich erwürgt. Klausen lernt das Drama bei einem Theaterbesuch kennen und beurteilt es auf einer bewussten, rationalen Ebene als unvernünftig. Auf einer unbewussten Ebene jedoch ergreifen die durch Othello verkörperten destruktiven Kräfte Besitz von ihm.
Als schließlich sein Versuch, seine Frau durch einen Flug seinerseits zu erreichen, aufgrund eines Vulkanausbruchs auf Island mit anschließenden Flugverboten scheitert, verliert er mehr und mehr die Handlungssicherheit im Beruf und bittet seinen Chef darum, London verlassen zu dürfen. Der Leser erfährt nicht mehr genau, was anschließend geschieht, da der Erzähler lediglich Andeutungen über ein mögliches Ende macht. Dabei bleibt offen, ob Gottfried Klausen tatsächlich wie geplant den Vulkan Grimsvötn auf Island aus Recherchezwecken besichtigt oder ob er nach Berlin zurückkehrt, um sich grausam an seiner Frau zu rächen.

2 Personen

Gottfried Klausen

Gottfried Klausen ist Journalist einer überregionalen Tagezeitung und geht seinem Beruf mit großer Sorgfalt und Ernsthaftigkeit nach. Die Tatsache, dass er über Kenntnisse verschiedener Fremdsprachen verfügt und offenbar bereits in unterschiedlichen europäischen Ländern als Auslandskorrespondent gearbeitet hat, sein präziser Schreibstil und seine Weltsicht, die auf sorgfältiger Recherche und intellektueller Durchdringung beruht, lassen auf eine überdurchschnittliche Bildung schließen.
Mit seiner Frau Xenia ist er bereits seit seiner Schulzeit zusammen und möchte ihr gemeinsames Glück mit dem Erwerb des Grundstückes, auf dem beide schon länger zusammen in einem Haus leben, besiegeln. Doch es soll anders kommen: Klausen wird als Korrespondent nach London versetzt, während Xenia in Berlin bleibt. Schon bald beginnt Klausen an der Tragfähigkeit der ehelichen Beziehung zu zweifeln, denn Xenia meldet sich nur selten und versetzt ihn, als sie sich in London verabredet haben, am Flughafen. Während er zunächst noch versucht, rational und nüchtern auf das Verhalten seiner Frau zu reagieren, gelingt ihm

dies immer weniger, und er gerät in eine Krise. Als er auf der Bühne den „Othello“ von Shakespeare sieht, ihn dann auch noch ein Vulkanausbruch daran hindert, seine Frau in Berlin aufzusuchen, und er schließlich keinerlei andere Erklärungen als den Ehebruch seitens seiner Frau dafür findet, dass ein anderer Mann ihr Handy benutzt, gerät sein Welt- und Selbstbild aus den Fugen.

Xenia, die Ehefrau

Über Xenia erfährt der Leser nur sehr wenig. Sie ist schon seit der Jugend mit ihrem Mann zusammen und fühlt sich in dem Haus an der Dorotheenstraße wohl und geborgen. Als er nach London geschickt wird, bekundet sie ihren Willen, in Berlin zu bleiben.
Im weiteren Verlauf der Handlung wird deutlich, dass sie Gesprächen und Begegnungen mit ihrem Mann ausweicht. So ruft sie nicht an, versetzt ihn am Flughafen und lässt offensichtlich zu, dass ein anderer Mann ihr Handy benutzt. Die Gründe für dieses Verhalten bleiben dabei nicht nur für den Leser, sondern auch für den Ehemann im Dunkeln, denn Xenia versäumt alle Gelegenheiten, sich zu erklären. Das, was der Erzähler berichtet, legt jedoch nahe, dass sie in dem Haus in der Dorotheenstraße, wo ihr „Frauenlachen“ (S. 66, Z. 444 f.) und das immerzu brennende Licht von außen wahrzunehmen sind, glücklich ist – möglicherweise mit einem anderen Mann.
Ob sie das Schicksal Desdemonas schließlich teilt und Opfer eines Gewaltverbrechens wird, bleibt offen.

3 Erste Deutungsansätze

Kapitel 1

Die Novelle ist als Teil einer Sammlung von fünf Novellen desselben Autors erschienen, welchen der Schauplatz – es handelt sich um den Südwesten Berlins – gemeinsam ist und in denen auf jeweils unterschiedliche Weise davon erzählt wird, wie der Alltag der Protagonisten von „unerhörten Begebenheiten“ (Goethe) heimgesucht und verändert wird. Der kommentierende, zunächst auktoriale Erzähler beginnt die Novelle „Das Haus in der Dorotheenstraße“ mit der realistischen Schilderung des Schauplatzes der Handlung. Dabei geht er wie ein nicht involvierter Beobachter so vor, dass der Blick des Lesers immer näher an das Haus, welches der Protagonist Gottfried Klausen und seine Frau Xenia bewohnen, herangeführt wird. Auffällig an der Lage, die sich auf den zweiten Blick als symbolträchtig erweist, ist, dass das Haus „abseits“ von der Großstadt Berlin in dessen Randbezirk liegt, gleichsam so, „als gäbe es dorthin keinerlei Zugang“ (S. 62, Z. 11). Bei dem Haus handelt es sich um eine Villa, die von Bäumen umgeben ist und sich damit den Blicken möglicher Beobachter entzieht. Die räumliche Organisation verweist dabei schon auf die Bedeutung des Verborgenen, das hinter dem Sichtbaren und Offenbaren liegt und sich später auch auf die Psyche des Protagonisten beziehen lässt.
Gottfried Klausen wird zunächst als eine Person vorgestellt, deren eher altmodischer Name bereits auf ein bürgerliches Lebensmodell und einen gesicherten sozialen Status verweist. Der Eindruck, dass es sich bei ihm um einen Mann mit klaren Prinzipien, eindeutigen und über die Jahre gewachsenen Beziehungen sowie einem rationalen Weltbild handelt, bestätigt sich durch die Schilderungen der Vorgeschichte. Der Leser erfährt, dass Klausen plant, gemeinsam mit seiner Ehefrau Xenia, welche er bereits aus der Schulzeit kennt, aus Vernunftgründen ein Haus in der Dorotheenstraße, abseits vom Leben in der Großstadt und im Verborgenen liegend, zu erwerben. Die Raumsemantik verweist dabei bereits auf die innere Struktur der Liebesbeziehung, die Merkmale von Statik und Geschlossenheit trägt. Der Verweis auf die von der Außenwelt nicht einsichtige, verborgene Lage lässt sich weiter aber auch als Symbol für das, was in dieser Beziehung unausgesprochen ist und nicht gelebt wird, deuten.

Das Haus, in welchem die beiden wohnen, trägt ambivalente Züge. Der verwilderte Garten und der bröckelige Putz drücken Verfall und Vergänglichkeit aus, während die Vorderfront „auf moderne Weise elegant" (S. 62, Z. 27) und damit gegensätzlich wirkt. Die einzelnen Eindrücke scheinen nicht zusammenzupassen.
Die Rationalität und Geradlinigkeit Gottfried Klausens zeigt sich an seiner beruflichen Tätigkeit sowie an der Art und Weise, wie er diese ausführt. Durch gründliches Recherchieren glaubt er, der „seinen Beruf sehr ernst" (S. 62, Z. 89f.) nimmt, Klarheit und Nachvollziehbarkeit seiner Texte gewährleisten zu können. Als gebildeter, polyglotter Mitarbeiter wird er im beruflichen Umfeld mit Wohlwollen und Respekt behandelt. Als er nach London berufen wird, kommt es zu einer räumlichen Trennung von seiner Frau, da diese „fürs Erste" (S. 62, Z. 48) im gemeinsamen Haus wohnen bleiben will. Die Kommunikation zwischen beiden wirkt, wohl auch aufgrund der Verwendung des Indefinitpronomens „man [beratschlagte]" (S. 62, Z. 54), ausgesprochen unpersönlich, sodass der Leser sich kein Urteil darüber bilden kann, von wem die Initiative, den „Zustand der Trennung möglichst rasch zu beenden" (S. 62, Z. 54), ausgeht. Auch die Schilderung des Abschieds am Flughafen deutet auf eine wenig emotionale, eher in Routine erstarrte Beziehung zwischen beiden hin, was auch durch eine lakonische Kommentierung des Erzählers, der berichtet, die Umarmung habe etwas länger als gewöhnlich gedauert, verdeutlicht wird.

Kapitel 2

Das zweite Kapitel thematisiert Klausens Befindlichkeit während seiner ersten Zeit in London. Entlang seiner Gewohnheiten geht er mit großem Ernst seiner beruflichen Tätigkeit nach, obgleich sich bereits eine beginnende innere Unzufriedenheit andeutet. Diese ist zunächst einmal genährt durch widrige äußere Umstände: Die ihm zur Verfügung gestellte Wohnung stellt sich als zu klein heraus, um dort als Paar zu leben, und es herrschen widrige Wetterverhältnisse. Ein baldiger Nachzug seiner Frau rückt daher zunächst wieder in weite Ferne. Anders als zuvor erlebt er nun auch die Arbeit nicht nur als „Spaß", sondern auch als „Routine" (S. 63, Z. 92), weshalb sie ihn nicht mehr gänzlich erfüllt. Die äußere Einsamkeit und das Gefühl, geistig nicht ausgefüllt zu sein, scheinen begünstigt zu haben, dass Gottfried Klausen den Raum seiner Gewohnheit verlässt und mit einem Theaterbesuch eine für ihn unbekannte Gegenwelt betritt. Auf der Bühne verfolgt er das Drama „The tragedy of Othello, the Moor of Venice" von William Shakespeare. Es handelt von einem dunkelhäutigen Feldherrn, der einer Intrige seines Fähnrichs Jago aufsitzt und dessen Einflüsterungen Glauben schenkt, seine Frau habe ihn betrogen. Im wahnhaften Gefühl einer Schmach tötet er sie und später, als er seinen Irrtum bemerkt, sich selbst.
Die Figur des Othello dient innerhalb der Novelle als Kontrast- und Identifikationsfigur gleichermaßen. Während sich Gottfried Klausen bei diesem ersten Theaterbesuch zunächst einmal als Antithese zu ihm, dessen Handeln von seinen Leidenschaften gelenkt und für rationale Überlegungen nicht mehr zugänglich ist, sieht, ergreifen eben diese Gefühle ungewollt immer mehr Besitz von ihm, sodass er schließlich – wenn auch nur im Modus der Möglichkeit – mit ihm verschmilzt. Noch jedoch erscheint es dem Vernunftmenschen Gottfried Klausen „vollkommen unglaubwürdig", dass Othello es versäumt, die nur behauptete Untreue seiner Frau „auf vernünftige Weise zu hinterfragen" (S. 63, Z. 109f.).
Ein erstes Moment der Irritation jedoch erlebt der Protagonist kurz darauf, als er, in sein Appartement zurückgekehrt, seine Frau telefonisch nicht erreicht. Kurz vor Mitternacht schläft er, offenbar nur scheinbar von seinen eigenen rationalen Erklärungsversuchen für Xenias Verhalten beruhigt, ein. Die Beschreibungen der Befindlichkeit des Schlafenden jedoch deuten auf etwas ganz anderes hin: Raumsemantisch drückt sich in den Beschreibungen der Schatten und Konturen in der Nacht, die eine klare Wahrnehmung verhindern und im Grenzbereich zwischen Realität und Schein angesiedelt sind, der Einbruch einer anderen Wirklichkeit in das geordnete Leben Klausens aus. Vertrautes wird fremd, und das „grenzenlose

Draußen" (S. 63, Z. 138) wirkt beziehungslos und unerlöst. Das – wiederum im Modus der Möglichkeit formulierte und damit nur angedeutete – Auseinandertreten der zwei Welten offenbart nun auch dem Protagonisten, als er aus dem Schlaf erwacht und sich damit in einem Zustand befindet, in welchem die Ratio nicht gänzlich die Kontrolle übernehmen kann, den Zustand seiner Ehe. Die Fragen nach Raum, Zeit und dem Grund für den Abbruch der Kommunikation durch Xenia, welche er an sich selbst richtet, verdeutlichen dabei Klausens Verunsicherung und beginnende seelische Zerrüttung.

Kapitel 3

Die angespannte Gefühlslage Klausens wird nachhaltig weiter erschüttert, als eine Verabredung zu einer Wohnungsbesichtigung mit der Aussicht auf ein zukünftiges gemeinsames Wohnen in London mit seiner Frau platzt. Im dritten Kapitel wird erzählt, wie es dazu kommt, dass Gottfried Klausen unverrichteter Dinge vom Flughafen wieder in sein Appartement gehen muss, nachdem er längere Zeit auf seine Frau, die ihn versetzt hat, am Flughaften Heathrow gewartet hat.
Dass es zu dieser Verabredung überhaupt gekommen ist, liegt an der Initiative Klausens. Sein Drängen wird bereits formal dadurch verdeutlicht, dass das Kapitel mit dem telefonisch vorgebrachten Appell an Xenia, sich um die gemeinsame Wohnung kümmern zu müssen, beginnt. Offenbar sind seine Zweifel und die Verunsicherung einer hektischen Aktivität gewichen, die sich darin äußert, dass er bereits eine mögliche gemeinsame Wohnung ausgesucht hat und seine Frau mit dem Argument, dass der Vertrag bald unterschrieben werden müsse, zur Entscheidung drängen will. Am Telefon verhält sich Xenia dann zögerlich, was ihr Mann jedoch nicht zum Anlass nimmt, nach der Ursache zu fragen. Statt einer klärenden Aussprache versucht Klausen, Xenia zu überreden, indem er auf seine Schwierigkeiten, sich einzuleben, hinweist und damit möglicherweise Mitleid erzeugen will – eine Strategie, die vordergründig auch zu funktionieren scheint. Wiederum wird die dann getroffene Vereinbarung für ein Treffen mithilfe des unpersönlichen Indefinitpronomens „[m]an" (S. 63, Z. 169) geschildert, was auf eine gewisse Distanziertheit und Entfremdung zwischen den Eheleuten hinweist. Der Eindruck, dass Emotionen in der Ehe zwischen beiden unterdrückt werden, bestätigt sich weiter auch durch die ausgesprochen lakonisch-nüchterne Erzählweise. Vordergründig werden vor allem äußere Vorgänge geschildert, hinter denen Wesentliches verborgen liegt. Später wird dieser Eindruck durch das Symbol des Vulkanausbruchs bestätigt.
Die Atmosphäre am Flughafen Heathrow in London, wo Klausen auf die Ankunft seiner Frau wartet, stellt einen Gegensatz zu seiner sonst eher beschaulichen, zurückgezogenen Existenz dar, denn sie ist „an Unübersichtlichkeit nicht zu übertreffen" (S. 63, Z. 173 f.). Dabei entspricht die äußere Situation dem Innenleben des Protagonisten, dessen Aufgewühltheit sich in der verzerrten Wahrnehmung der Umgebung niederschlägt. So hat er Mühe, die Ansagen aus den Lautsprechern zu verstehen, weil sie ihm „übersteuert" (S. 63, Z. 190) vorkommen. Hierdurch wird deutlich, wie irrationale Impulse aus der Psyche sich seiner bemächtigen und sein Denken und Handeln beeinträchtigen. Xenia steigt nicht aus dem Flugzeug und er wartet noch so lange vergeblich auf sie, bis die Ausgänge geschlossen und die Lichter gelöscht werden.
Seine Irritation steigert sich, als er versucht, sie mittels Handy zu erreichen, und eine Männerstimme am anderen Ende etwas antwortet, was er in seiner Verwirrung nicht versteht. Dass er im Anschluss daran die Kommunikation verweigert, indem er sein mehrfach klingelndes Handy ignoriert, zeigt, dass es nicht länger Rationalität und Kontrolle sind, die ihn steuern. Es kommt zu einem Schwanken zwischen Gefühl und Vernunft. Ersteres äußert sich in einem „Anflug von Gekränktheit" (S. 64, Z. 220 f.) sowie in nur gedachten, aber nicht geäußerten Vorwürfen an seine Frau, von der er meint, sie habe „allen Grund, ihm zu erklären, warum sie, obwohl man es fest verabredet hatte, nicht in Heathrow gelandet war" (S. 64, Z. 213 ff.). Das

andere – die Vernunft – lässt sich an den Deutungsversuchen, dass möglicherweise eine falsche telefonische Verbindung zustande gekommen ist und somit die Männerstimme erklärbar wäre, erkennen. Vordergründig ist es die Stimme der Ratio, die die Oberhand behält, denn Klausen verdrängt seine Ressentiments: Statt den Vorwürfen an seine Frau nachzugehen und damit die Chance auf eine Klärung wahrzunehmen, dreht Klausen den Spieß um und klagt sich selbst an. Es sei „nur recht und billig, auch einmal auf Xenias Wünsche einzugehen" und ihm selbst „durchaus zuzumuten [...] immer dann, wenn es seine Arbeit erlaubte, selber in ein Flugzeug zu steigen" (S. 64, Z. 222 f.). Sein Selbstbetrug scheint zu funktionieren, denn als es dann doch zu einem Gespräch kommt, ist „ihm die Entschuldigung, die sie vorbrachte, um ihr Verhalten zu erklären, schon unerheblich" (S. 64, Z. 234 ff.). Indem er seine Frau beschwichtigt und die Schuld allein bei sich selbst sucht, versäumt Gottfried Klausen es, die Konflikte in seiner ehelichen Beziehung zu bearbeiten und nach konstruktiven Lösungen zu suchen. Der Leser ahnt, dass Klausen einem Irrtum aufsitzt, wenn er glaubt, ein Besuch bzw. eine Rückkehr nach Berlin werde ausreichen, um die Probleme zu beheben.

Kapitel 4

Es kommt jedoch nicht zu einer Rückkehr nach London, die sich Gottfried Klausen fest vorgenommen hat. Schuld daran ist ein Vulkanausbruch in Island, von dem und dessen Folgen im vierten Kapitel erzählt wird. Nachdem Klausen bereits alle Vorbereitungen getroffen und sich beruflich eine Woche freigenommen hat, kommt es zu diesem Ereignis von höherer Gewalt. Schon am Abend vor der geplanten Abreise mehren sich die Zeichen für eine bevorstehende Katastrophe. In seiner Wohnung, wo er unruhig die Reise erwartet, meint er plötzlich, einen Brandgeruch von draußen her, wo er allerdings nichts Auffälliges entdecken kann, wahrzunehmen, und verriegelt die Fenster.
Schon auf dem Weg zum Flughafen erklärt sich dieser fast surreal wirkende Sinneseindruck: In Island ist der Vulkan „Grimsvötn" ausgebrochen und hat eine Aschewolke erzeugt, welche den planmäßigen Flugverkehr über England zum Erliegen bringt. Ein solches Ereignis hat tatsächlich im Jahre 2011 stattgefunden, weshalb anzunehmen ist, dass Hartmut Lange hierauf rekurriert. Das für die fiktive Erzählung verwendete Element aus der Wirklichkeit bekommt in diesem Kontext eine weitere, symbolische Bedeutung. Denn das Bild eines Vulkanausbruchs verweist repräsentativ auf die Macht von Naturgewalten, die sich, im Verborgenen schlummernd, plötzlich eruptiv entladen und dabei ihre zerstörerische Wirkung entfalten. Die Entfesselung von nicht beherrschbaren Kräften in Form von glühender Lava und Aschewolken, die den Himmel verdüstern, lässt sich hier auch als Symbol für das, was mit Gottfried Klausen geschieht, deuten. Denn nach und nach bahnen sich die verdrängten Impulse wie z. B. Misstrauen, Aggression und Rachegedanken in seiner Psyche unter der rationalen, freundlichen und kontrollierten Oberfläche ihren Weg.
Die Atmosphäre am Flughafen Heathrow wird als unwirklich beschrieben und bestätigt damit den Leseeindruck von einer Art Ruhe vor dem Sturm. Klausen betritt die überfüllten Hallen mit wartenden Menschen, die allesamt den Eindruck machen, als seien sie „auf dem Sprung" (S. 64, Z. 291 f.), und er hofft noch auf eine Umbuchungsmöglichkeit, als er jäh aus dem Gleichförmigen und Erwartbaren gerissen wird. Auf seinen Anruf bei Xenia, welche, wie er vermutet, „sicher schon unterwegs war, um ihn abzuholen" (S. 64, Z. 302 f.), meldet sich erneut eine Männerstimme. Der Mann am anderen Ende fordert ihn auf, sich vorzustellen, und flüstert daraufhin etwas, was die im Hintergrund hörbare Xenia zu amüsieren scheint.
Noch immer ist Klausen offensichtlich geneigt, die Ereignisse, die nunmehr für den Leser mehr als eindeutig zu sein scheinen, zu verdrängen oder umzudeuten, denn er hofft auf eine Täuschung oder darauf, Xenia möge ihn nach diesem verstörenden Anruf doch noch zurückrufen. Dies geschieht jedoch nicht, sodass der Leser schon erahnt, dass eine Wendung der Ereignisse bevorsteht.

Kapitel 5

Im fünften Kapitel werden die veränderte Gefühlslage und die zunehmend irrationaler werdenden Handlungen des Protagonisten thematisiert. Dabei entspricht die äußere Situation – der Himmel ist nach dem heftigen Vulkanausbruch „verschlossen" (S. 65, Z. 324) – dem sich verdüsternden Gemüt des Protagonisten.
Den Versuch, sich Klarheit zu verschaffen, indem er nochmals bei Xenia anruft, unterlässt er. Zu sehr bemächtigt sich die Furcht, der verstörende Vorgang könne sich wiederholen, seiner, als dass er sich zu diesem Schritt durchringen könnte. Hieran wird zum ersten Mal deutlich, dass es nicht länger die Vernunft ist, die Klausen in seinem Verhalten steuert, sondern dass ganz andere, aus den Tiefen herrührende menschliche Urgefühle wie etwa Angst nunmehr ihren Tribut fordern. Dem entspricht auch, dass seine Gedanken von dem bekannten Muster abweichen. Statt Selbstbetrug und Beschwichtigungsversuchen richtet er rhetorische Fragen an sich selbst, in welchen seine ganze Verunsicherung, sein wachsendes Misstrauen und seine radikalen Zweifel deutlich werden. Dies gipfelt darin, dass sich Klausen fragt, ob die „Ehe mit dieser Frau vielleicht schon seit Jahren derart verlogen" gewesen sein könne, „dass er ihre Untreue nicht bemerkt hatte" (S. 65, Z. 343 f.). An dem Punkt, an dem Klausen seiner Lebenslüge offenbar ein Stück auf die Spur kommt und damit seine gesamte Existenz infrage stellen muss, geht er erneut ins Theater und sieht sich „Othello" von Shakespeare an. Der Leser erfährt nicht explizit, warum er dies tut, dennoch kann er an Klausens Verhalten im Theater erkennen, dass dieser im Zusammenhang mit diesem Entschluss vor der Macht seiner eigenen Gefühle Angst bekommt.
Dabei wird eine Szene aus dem Stück wörtlich und in der Originalsprache zitiert. Es handelt sich um den Monolog Othellos beim Anblick seiner schlafenden Frau kurz vor der Ermordung. Der nur vermeintlich Betrogene fühlt sich von der Sache (the cause) – gemeint sind der Ehebruch, die Lüge und die daraus resultierende Beleidigung – derart erschüttert, dass er sie den „keuschen Sternen" gegenüber nicht einmal zu benennen vermag. Dass er sich nicht in der Lage fühlt, das Geschehen sprachlich zu erfassen und zu benennen, bestätigt den Eindruck von einem Gemütszustand jenseits von Vernunftorientierung. Bildlich wird die Verdunklung, und damit die Unzugänglichkeit für jedes Argument und jede weitere Überlegung, auch durch den Appell „put out the light" (S. 65, Z. 350) veranschaulicht. Mit dem „Licht" ist im Zusammenhang mit dem Drama auch das Lebenslicht Desdemonas gemeint, das Othello plant auszulöschen. Die Motive Wahnsinn und Tod bzw. Mord werden auf diese Weise miteinander metaphorisch verbunden, was auch für die Interpretation des Novellenschlusses von Bedeutung ist.
Noch jedoch ist Gottfried Klausen an diesem Punkt nicht angelangt. Ironisch befragt er sich selbst, ob er wirklich der Ermordung einer Wehrlosen zusehen und am Ende „auch noch Beifall klatschen" (S. 65, Z. 354 f.) wolle, und beantwortet diese Frage dann mit einem entschlossenen „Nein". So kehrt er sich – allerdings nur physisch – von dem Wahnsinn auf der Bühne ab und verlässt das Theater, um alles nochmals zu überdenken. Der Versuch, Kontrolle wiederzugewinnen, entspricht weitgehend seinem alten Verhaltensmuster, das jedoch erkennbar brüchiger geworden ist.

Kapitel 6

Das sechste Kapitel erzählt von den Veränderungen, die in Klausen vorgehen und die sein alltägliches Dasein empfindlich zu stören beginnen. Das Zitat aus „Othello" „Put out the light", das ihm nunmehr nicht aus dem Kopf geht, wird dabei zum Leitmotiv seiner Tage. Der Wahnsinn und das darin zutage tretende Destruktive ergreifen von ihm Besitz. Dies äußert sich zunächst durch seine Unfähigkeit, den beruflichen Verpflichtungen in gewohnter Weise nachzugehen. Sein journalistisches Interesse verschiebt sich dahingehend, dass nicht mehr sachlich-nüchterne Fakten über die Stadt London im Mittelpunkt stehen, sondern vermeintlich Triviales wie „die privaten Affären irgendwelcher Abgeordneter“ (S. 65, Z. 374 f.) oder der durch die Jahreszeiten ausgelöste Stimmungswechsel auf den Straßen.

Der Leser erkennt, dass Klausens Wahrnehmung der Außenwelt nunmehr vollständig durch die Brille seiner privaten Angelegenheiten getrübt ist. Seine Psyche produziert Vorstellungen, welche für ihn Realität werden, während andere daran keinen Anteil haben. Unmerklich entfernt er sich damit von der Welt, in der er zuvor heimisch war. In seinen Reportagen beschreibt er sein eigenes Gefühl der Entfremdung – man könnte es auch als Umnachtung bezeichnen – so, als ob es sich dabei um etwas Allgemeingültiges und auch für andere Spürbares handele, und erntet dafür schnell den Argwohn seines Chefredakteurs in Berlin. In einem klärenden Gespräch mit ihm betont er die zwingende Notwendigkeit, London zu verlassen. Dass er dabei „merkwürdig entschlossen“ (S. 65, Z. 393) klingt, unterstreicht den Eindruck eines intensiven Leidensdrucks, dem er mithilfe von Taten entkommen will. Das Gefühl der Unheimlichkeit, das sich beim Lesen einstellt, resultiert dabei aus dem Eindruck, dass diesem Mann vieles Grausame zuzutrauen ist, weil er die Kontrolle verloren hat und sich die Grenzen dessen, was er für seine Identität gehalten hat, auflösen. Dass ihn manche Seiten seiner Persönlichkeit selbst erschrecken, äußert er im Gespräch mit dem Chefredakteur auch sehr klar, allerdings konkretisiert er diese Aussagen nicht weiter und gibt vor, die Ursache dafür sei seine Unfähigkeit, sich mit der Umgebung anzufreunden. Alle Versuche des Gesprächspartners, den einst geschätzten Mitarbeiter umzustimmen, schlagen fehl, sodass ihm nichts anderes übrig bleibt, als ihn gehen zu lassen.

Auf die Frage nach dem Wohin antwortet Klausen auf überraschende Weise, indem er vorschlägt, zum Vulkan Grimsvötn zu fahren, um das Aschefeld in Augenschein zu nehmen, das der Ausbruch hinterlassen hat. Dass er darüber dann tatsächlich eine Reportage schreiben will, kann sich der Leser schwerlich vorstellen. Viel wahrscheinlicher ist es, dass die Asche des Vulkans, welcher „alles unter sich begraben hat“ (S. 66, Z. 417 f.), hier als ein Sinnbild für die umfassende Zerstörung des eigenen Lebensentwurfes gedeutet werden muss und dass es das ist, was Klausen zu diesem Ort hinzieht.

Der letzte Abschnitt der Novelle, in einer Art Fragehaltung und teils im Konjunktiv und somit nur als mögliches Ende der Geschichte formuliert, löst beim Leser endgültig Grauen aus. Dabei wird zunächst durch die Erwähnung des Hauses in der Dorotheenstraße der Rückbezug auf den Anfang und somit eine Art Rahmung hergestellt. Der Erzähler fragt, durchaus suggestiv, ob dies nicht der Ort sei, der als Ziel Klausens viel wahrscheinlicher infrage komme, und dann, im Modus der Möglichkeit, ob er nicht auch „allen Grund gehabt [hätte], statt nach Island [...] nach Berlin zu fliegen“ (S. 66, Z. 424 f.). Weiter stellt er es infrage, ob es in diesem Fall denn möglich sei, dort aufzutauchen, als sei nichts geschehen, um z. B. einige der persönlichen Dinge abzuholen.

Ob es tatsächlich zu einer Rückkehr gekommen ist und wie diese dann ausgesehen hat, wird nicht erzählt. Ebenso wie schon im Hinblick auf die Information darüber, was Xenia in diesem Haus tatsächlich getan hat, wird der Leser auch hier von dem Erzähler im Ungewissen belassen. Dabei tritt er erstmals explizit in Erscheinung. Indem er allerdings den Plural „wir“ verwendet, eröffnet er eine Gemeinschaft mit dem Leser, den er gedanklich vor das Haus führt, auf das die blühenden Kastanien den Blick verdecken. Aus der Beobachter-Rolle heraus kann nicht genau gesagt werden, was dort geschieht. Allerdings evoziert die Beschreibung der Umgebung das Unheimliche, hinter der nur scheinbar frohen Fassade Lauernde. Denn das wie immer hell erleuchtete Haus, hinter dem hin und wieder Frauenlachen zu hören ist, könnte von der Dunkelheit und dem Tod heimgesucht werden. In der weiteren Beschreibung verschmilzen die Figuren Gottfried Klausen und Othello, da angedeutet wird, dass Ersterer eines Nachts hereinkommen, „put out the light“ rufen könnte und dass daraufhin die Lichter im Haus – Sinnbild für das Lebenslicht Xenias – erlöschen würden. Die Tatsache, dass Klausen einen Schlüssel zu dem Haus besitzt und dass es sich um sein Zuhause handelt, gibt ihm in den Augen des Erzählers „alles Recht, das zu tun, was er für nötig befand“ (S. 66, Z. 450 f.). Dass es offenbleibt, ob dieses dramatische Ende tatsächlich eintrifft, macht den Leseein-

druck eines nur hintergründig vorhandenen Grauens perfekt. Die Antwort, ob er es für möglich hält, dass es zu einem Ehedrama mit tödlichem Ausgang kommt, überlässt der Erzähler dem Leser und regt damit in ihm eine Reflexion über sein Menschenbild aus. Die Raffinesse der Novelle besteht vielleicht vor allem in dem, was nicht gesagt, sondern lediglich angedeutet wird, sowie in dem Spannungsverhältnis zwischen dem bürgerlich-alltäglichen Dasein der Hauptfigur, welches auch sprachlich nüchtern und beinahe lakonisch beschrieben wird, und dem dahinter lauernden möglichen Unheil, das sich dahinter verbirgt und kaum greifbar zwischen den Zeilen erahnt werden kann.
Hartmut Lange gelingt es, in seiner Novelle von psychischen Räumen zu erzählen, die weitgehend unbekannt im Menschen schlummern und vielleicht umso mehr Macht über ihn gewinnen, je weniger er dies für möglich hält.

Baustein 1

Die didaktische Aufbereitung der Novelle

1.1 Die Frage des Einstiegs

Um einen ersten Einstieg in den Text (s. **Zusatzmaterial 5**, S. 62ff.), welcher angesichts des geringen Umfanges nicht viel Lesezeit in Anspruch nimmt, zu ermöglichen, werden an dieser Stelle einige methodische Vorschläge gemacht, die entweder ergänzend oder alternativ eingesetzt werden können. Dabei dienen sie einerseits der inhaltlichen Orientierung und sollen andererseits auch dazu motivieren, einen eigenen Zugriff auf den Text zu gewinnen und spontane Hypothesen zu zentralen Aspekten wie der Hauptfigur und der Thematik zu bilden. Eine erste Orientierung kann dabei gelingen, indem man den Lernenden den Auftrag gibt, den einzelnen sechs Kapiteln im Anschluss an die Gesamtlektüre jeweils eine treffende Überschrift zu geben, die den Inhalt und evtl. auch die Atmosphäre der erzählten Handlung prägnant zum Ausdruck bringt. Damit ist gewonnen, dass die Schülerinnen und Schüler bereits unmittelbar im Erstrezeptionsprozess für Nuancen des Textes sensibel werden und ihre Eindrücke verdichten.
Die Schülerinnen und Schüler arbeiten mithilfe folgender Aufgabenstellung:

- *Vergegenwärtigen Sie sich im Anschluss an die Lektüre den Inhalt der einzelnen sechs Kapitel noch einmal. Geben Sie jedem Kapitel eine Überschrift, die das für Sie jeweils Zentrale prägnant zum Ausdruck bringt.*

Angesichts der Fokussierung auf die Hauptfigur ist alternativ oder ergänzend ein Einstieg mithilfe der Methode der „Figurenrequisiten“ denkbar. Dabei vergegenwärtigen sich die Lernenden ihre Vorstellungen von dem Protagonisten, indem sie für diesen einen symbolhaften Gegenstand aussuchen, ihn zum Unterricht mitbringen und ihre Wahl schriftlich begründen. Sie erhalten folgende Aufgabenstellung:

- *Vergegenwärtigen Sie sich, welchen Eindruck Sie beim Lesen von der Hauptfigur Gottfried Klausen gewonnen haben.*
- *Suchen Sie einen Gegenstand, der symbolisch eine Eigenschaft dieser Person repräsentiert, und begründen Sie Ihre Wahl schriftlich.*
- *Bringen Sie Ihre Gegenstände mit.*

Im Unterricht werden die Gegenstände jeweils präsentiert, indem die Schülerinnen und Schüler ihre Begründungen nennen und die Requisiten auf einen Tisch gelegt werden. Die Lernenden profitieren dabei von den Gegenständen und den darin repräsentierten Ideen, indem ihr eigenes Bild von Gottfried Klausen an Komplexität und Klarheit gewinnt und eigene Interpretationen im Dialog mit denen anderer Leser zugleich implizit überprüft werden können. Im Anschluss an den Austausch im Unterrichtsgespräch arbeiten alle Lernenden mit folgendem Schreibauftrag weiter:

- *Fassen Sie das Bild, das Sie nun von der Person gewonnen haben, schriftlich zusammen. Beginnen Sie mit dem Satzanfang „Ich sehe eine Person, die …“*

Eine dritte Möglichkeit, die auch als Differenzierungs- bzw. Neigungsaufgabe realisiert werden kann, ist ein Einstieg mithilfe einer kreativen Aufgabe. Die Schülerinnen und Schüler sind aufgefordert, für die Novelle ein Cover zu gestalten. Indem Sie sich für bestimmte (bildliche) Motive entscheiden und diese im Sinne ihrer eigenen Lesart darstellen, leisten die Lernenden bereits einen eigenen interpretatorischen Zugriff auf die Welt des Textes und entnehmen ihm Elemente, die sie für bedeutsam halten. Ein Vergleich der verschiedenen Coverbilder kann dann im Unterrichtsprozess Anlass für ein deutendes Gespräch werden und entscheidende Impulse für die Weiterarbeit geben.
Die Lernenden erhalten folgenden Arbeitsauftrag:

- *Gestalten Sie ein Coverbild für die Novelle. Überlegen Sie sich dazu, welche bildlichen Elemente Ihrer Meinung nach geeignet sind, um den (potenziellen) Leser auf das aufmerksam zu machen, was ihn dann in der Novelle erwartet.*

1.2 Gottfried Klausen – Vorstellung eines Rationalisten

Die Erschließung der Figur Gottfried Klausen, wie sie sich zu Beginn der Novelle darstellt, ist ein erster sinnvoller Erarbeitungsschritt, um später dessen Entwicklung besser verstehen und bewerten zu können.
Es handelt sich bei ihm um einen nüchternen Rationalisten mit einer bürgerlich-traditionellen Existenzweise. Zu seiner Arbeit, die einen Großteil seines Lebens ausmacht, hat er eine ernste und strenge Haltung. Das Dasein eines Korrespondenten einer überregionalen Tageszeitung verlangt von ihm, sorgfältig zu recherchieren und sich intensiv und sachlich mit Themen auseinanderzusetzen, die auch andere Menschen interessieren und bewegen. Es kommt ihm darauf an, dass das, was er schreibt, „klar und nachvollziehbar" (S. 62, Z. 40f.) ist. Hierzu passen auch sein „überaus präzise[r] Stil" (S. 62, Z. 43f.) und seine Fremdsprachenkenntnis.
Hinsichtlich seines Privatlebens erfährt der Leser, dass er seine jetzige Frau Xenia bereits aus der Schulzeit kennt, sodass sie sich, „was Eigenarten und Interessen betraf, über Jahre hinweg vertraut" (S. 62, Z. 17ff.) sind. Dem Leser fällt auf, dass die Ehe der beiden nicht explizit als glücklich beschrieben wird, sondern dass es dem Erzähler in erster Linie darum geht, die Bedeutung von Gewohnheit und Alltäglichkeit hervorzuheben. Dass der Erwerb des Grundstückes an der Dorotheenstraße, wo beide leben und wo sie ein Gefühl der Geborgenheit empfinden, für sie eine „vernünftig[e]" (S. 62, Z. 22) Entscheidung darstellen könnte, bestätigt diesen Eindruck. Die fast lakonisch wirkende Schilderung, wie sich die beiden am Flughafen für unbestimmte Zeit voneinander verabschieden, weil Xenia im Haus wohnen bleiben und nicht mit nach London ziehen will, legt dabei allerdings nahe, dass das Gemeinsame zur Routine zu erstarren droht und wenig Leidenschaft zwischen den Verheirateten herrscht.
Die Ehe und sein Beruf scheinen für Gottfried Klausen die Konstanten seines Lebens zu sein, über die er sich definiert. Der Leser gewinnt einen ersten Eindruck von jemandem, der dabei ist, sich endgültig in seinem Leben einzurichten, wofür der Erwerb des Hauses symbolisch steht. Dabei scheinen keine Konflikte den Eindruck von Harmonie, Sinnhaftigkeit und Kohärenz zu beeinflussen.
Die Schülerinnen und Schüler befassen sich zunächst mit der Beschreibung der Hauptfigur, wie sie sich im ersten Kapitel darstellt.

- *Stellen Sie anhand der Lektüre des ersten Kapitels heraus, wie der Leser den Protagonisten Gottfried Klausen zu Beginn der Novelle kennenlernt. Berücksichtigen Sie dabei folgende Aspekte: Name, Beruf, Familienstand, Bildungsgrad, Eigenschaften.*

Im Anschluss an eine Vorstellung der Ergebnisse sollten diese reflektiert und vertieft werden. Folgende Fragestellungen bzw. Impulse können dabei hilfreich sein, um ein Unterrichtsgespräch zu steuern:

- *Welche Werte werden hinter der Beschreibung Gottfried Klausens erkennbar? Was ist ihm offensichtlich wichtig in seinem Leben?*
- *Beschreiben Sie die Beziehung zwischen Gottfried Klausen und Xenia, wie sie sich im ersten Kapitel darstellt.*

Die Ergebnisse können in Form eines Tafelbildes gesichert werden:

Erstbegegnung mit Gottfried Klausen

- Beruf: Journalist (Schwerpunkt Auslandskorrespondenz)
- Familienstand: verheiratet
- Eigenschaften: überdurchschnittliche Bildung (Kenntnis mehrerer Fremdsprachen); nüchterner, sachlicher Typus; Vernunftmensch (Heirat nach langjähriger Partnerschaft, Hauskauf aus vernunftorientierten Erwägungen)
- Beziehung mit seiner Ehefrau Xenia geprägt durch Gewohnheit, gemeinsames Ziel (Haus- und Grundstückserwerb), Streben nach Sicherheit
- Rationalist

Eine Diskussion darüber, ob den Lernenden eine Existenzweise wie die Klausens erstrebenswert erscheint, ließe sich anschließen und bereitet bereits auf die dann folgenden Kapitel vor.

- *Stellen Sie sich Klausen als einen glücklichen Menschen vor? Begründen Sie.*

1.3 Zur Erzählweise und Gattung „Novelle"

Um sich die äußere Form der Novelle zu vergegenwärtigen und diese Überlegungen in die inhaltliche Analyse einfließen lassen zu können, wird hier vorgeschlagen, einen Exkurs zur Erzählweise und zur Gattung „Novelle" zu machen. Natürlich kann dieser auch an anderen Stellen der Erarbeitung stattfinden.

Die Novelle wird anfänglich aus einem auktorialen Erzählverhalten heraus erzählt, welches dann, besonders im Mittelteil, durch ein personales Erzählverhalten aus Klausens Perspektive heraus sowie vereinzelt durch Dialoge abgelöst wird, bevor der Leser im letzten Kapitel wieder einem außenstehenden, kommentierenden Erzähler begegnet. Es handelt sich also um eine Rahmen- und Binnenstruktur, was inhaltlich auch dadurch zum Ausdruck kommt, dass im ersten und letzten Kapitel das Motiv des Hauses in der Berliner Dorotheenstraße eingeführt und schließlich wieder aufgegriffen wird, während die Binnenhandlung sich in London abspielt.

Die Erzählweise mit ihren Besonderheiten korrespondiert mit den Geschehnissen um Gottfried Klausen und bewirkt beim Leser zunächst Sicherheit und Orientierung, die zunehmend der Verwirrung und vagen Ahnungen weichen müssen – eine Entwicklung, die dem inneren Zustand Klausens und dem Handlungsgang entspricht. Dabei ist auffällig, dass im letzten Kapitel ein zwar außenstehendes und doch nicht im Vollsinn „auktoriales" Erzählverhalten vorliegt. Der Erzähler behauptet, auch nichts Genaues über das weitere Geschehen im Haus an der Dorotheenstraße zu wissen. Lediglich durch Andeutungen und Kommentare wie jene, dass diejenige, die im Haus lache, sich „nicht allzu sicher fühlen“ (S. 66, Z. 445 f.) solle und dass derjenige, der nachts in finsterer Absicht kommen könnte, „alles Recht [habe], das zu tun, was er für nötig befand“ (S. 66, Z. 450 f.), tritt die übergeordnete, kommentierende Erzählerinstanz wieder hervor, allerdings ohne den Anspruch auf Allwissenheit. Mit dem Personalpronomen „wir“ identifiziert sich der Erzähler zuletzt mit den Lesenden und verweigert ihnen Eindeutigkeit zugunsten von Spannungssteigerung und Polyvalenz. Den verschiedenen Nuancen bezüglich der Erzähltechnik gilt es auf den Grund zu gehen, um der Wirkung des Textes auf die Spur zu kommen.

Dabei kann ein Vergleich zwischen dem ersten und letzten Kapitel neben der Erfassung des Erzählrahmens zu der Erkenntnis führen, dass sich hier große Unterschiede bezüglich der Erzählhaltung zeigen. Während im ersten Kapitel noch überwiegend sachlich, nüchtern und auch ein wenig lakonisch eine nur vermeintlich glückliche bürgerliche Existenz beschrieben wird, ist davon im letzten Kapitel nichts mehr zu spüren. Der auktoriale Erzähler kann die Irritation derer, die mit Klausen beruflich zu tun haben, wiedergeben und diese auch auf die merkwürdigen Verhaltensweisen des inzwischen zu seiner Arbeit unfähig gewordenen Journalisten zurückführen, bleibt dann aber, als es um das weitere Schicksal Klausens geht, förmlich vor dessen Tür in Berlin stehen. Keine Lakonie entlarvt mehr die Scheinidylle, vielmehr sorgt die wiederholte Verwendung des Konjunktivs und rhetorischer Fragen für eine bohrende Ungewissheit und ein hintergründiges Grauen, denn mit dem Erzähler weiß er nicht, ob es „überhaupt möglich [war], dass Gottfried Klausen, so wie sich die Verhältnisse nun einmal entwickelt hatten, […] dort, als wäre nichts geschehen, wieder hätte auftauchen können, um wenigstens seine persönlichen Sachen zusammenzusuchen“ (S. 66, Z. 429 ff.), oder ob es nicht andererseits „durchaus denkbar [war], dass irgendwann, nicht am Tage, sondern nachts, doch noch ein Auto vorfuhr und dass sich jemand auf den Eingang zubewegte“ (S. 66, Z. 446 ff.). Der Rezensent Walter Hinck charakterisiert den Erzähler als jemanden, der „seinen Figuren und dem Leser allmählich den Boden seiner Wahrnehmungsgewohnheiten weg[zieht], aber ohne gleich den Blick in Abgründe freizugeben“[1]. Diese Wirkung resultiere ihm zufolge aus einer Erzählweise, durch die es gelinge, den Abstand zwischen dem Wirklichen und dem Möglichen in der Schwebe zu halten.

Für die Schülerinnen und Schüler ist es wichtig, die Erzählweise und insbesondere das Erzählverhalten genauer zu untersuchen, um die daraus resultierenden Erkenntnisse zur Erhellung des Textaufbaus und für weitere Analysen nutzen zu können. Ihnen wird dabei auffallen, dass das erste und sechste Kapitel mit einem nicht mit Klausen identischen Erzähler eine Art Rahmen bilden, während die übrigen Kapitel die Binnenstruktur, welche vorwiegend Klausens Sicht wiedergibt, darstellen. Die Analyse von Anfang und Schluss, also dem erzählerischen Rahmen, eignet sich auch als Klausuraufgabe. In dem Fall, dass dies so geplant ist, sollte eine allzu genaue inhaltliche Analyse an dieser Stelle ausgespart werden.

Je nach Kenntnisstand der Lernenden mag es nötig sein, zusätzlich zur Textarbeit auch noch eine Wiederholung erzähltechnischer Begriffe der Erarbeitung voranzustellen. Wenn gewünscht, kann dazu ggf. das **Zusatzmaterial 1**, S. 54 f., herangezogen werden.

[1] Hinck, Walter: Wer der Krähe folgt, ist schon halb verloren. Quelle: http://www.faz.net/aktuell/feuilleton/buecher/rezensionen/belletristik/hartmut-lange-das-haus-in-der-dorotheenstrasse-wer-der-kraehe-folgt-ist-halb-schon-verloren-12198342.html?printPagedArticle=true#pageIndex_2, Abruf: 21.3.2017

Die Schülerinnen und Schüler arbeiten mithilfe folgender Aufgabenstellung:

- *Untersuchen Sie die Erzählform und das Erzählverhalten, welche im ersten Kapitel, in den Kapiteln zwei bis fünf sowie im sechsten Kapitel jeweils überwiegen. Finden Sie Belege für Ihre Aussagen und ordnen Sie den Kapiteln einen Handlungsort zu.*
- *Vergleichen Sie das erste und letzte Kapitel hinsichtlich der Erzählhaltung. Beschreiben Sie diese möglichst differenziert und erläutern Sie deren Funktion und Wirkung.*

Die Ergebnisse können in Form eines Tafelbilds gesichert werden:

Die Erzählweise

Kapitel 1	**Kapitel 2 – 5**	**Kapitel 6**
auktoriales Erzählverhalten, Einführung des Haus-Motivs, Ort: Berlin lakonisch-sachliche Erzählhaltung: Entlarvung des nur scheinbaren Idylls und Glückes	überwiegend personales Erzählverhalten aus der Sicht Klausens Ort: London Darstellung äußerer und innerer Vorgänge des Protagonisten	eingeschränkt auktoriales Erzählverhalten (Kommentare und Andeutungen, aber keine Allwissenheit), Wiederaufgreifen des Haus-Motivs, Ort: London und evtl. Berlin Darstellung eines nur möglichen Endes (Spannungssteigerung, Polyvalenz)

- Rahmen- und Binnenstruktur
- Entsprechung von äußerer Form und Inhalt: zunehmende Verunsicherung Klausens und des Lesers

Auf der Grundlage der Erkenntnis, dass der Novelle eine Rahmenstruktur zugrunde liegt und dass dieser Rahmen unter anderem durch das Motiv des Hauses in der Dorotheenstraße geklammert ist, lässt sich hier vertiefend weiterarbeiten.
Die Schülerinnen und Schüler erhalten folgende Aufgabe:

- *Untersuchen Sie das Motiv des Hauses in der Dorotheenstraße (vgl. Titel), indem Sie zunächst herausstellen, welche Eigenschaften diesem Haus zu Beginn und am Ende der Novelle zugewiesen werden. Vergleichen Sie die Aussagen über das Haus miteinander und berücksichtigen Sie dabei auch die erzählerische und sprachliche Gestaltung.*
- *Stellen Sie Vermutungen darüber an, welche Bedeutung das Haus für den Protagonisten Gottfried Klausen und seine Frau Xenia hat.*

Die Ergebnisse können zunächst gesammelt und anschließend diskutiert werden. Folgendes ist inhaltlich zu erwarten:

Das Haus an der Dorotheenstraße als Leitmotiv der Novelle

Anfang:
- versteckte Lage am Randbezirk Berlins (wirkt „auf idyllische Weise abseits und als gäbe es dorthin keinerlei Zugang“, S. 62, Z. 10 f.)
- Villa mit einer renovierungsbedürftigen Fassade, aber einer auffälligen Vorderfront (widersprüchliche Wirkung)
- auktorialer Erzähler mit Allwissenheit, Aussagen im Indikativ, Rückblick auf die Vergangenheit

→ Vermittlung eines Gefühls der Geborgenheit für Gottfried Klausen und seine Frau Xenia, gemeinsame, positive Zukunftsoption

Ende:
- hinter den blühenden Kastanien für den Beobachter kaum erkennbar
- „wie immer hell erleuchtet“ (S. 66, Z. 439 f.) und hin und wieder von einem „Frauenlachen“ (S. 66, Z. 444 f.) erfüllt
- Zugänglichkeit für Gottfried Klausen, der „hier zu Hause“ ist und somit dort tun kann, „was er für nötig“ befindet (S. 66, Z. 450 f.), und Vision eines nächtlichen Zutritts in das Haus
- Erlöschen des Lichts als letzte Wahrnehmung
- auktorialer Erzähler, aber ohne letzte Gewissheit über das Geschehen (Erzähler als Beobachter von außen), Aussagen häufig in Frageform und im Konjunktiv, Fokus auf die (mögliche) Zukunft

→ Möglichkeit der Auslöschung einer gemeinsamen Zukunft und Mord an der Ehefrau

Verklammerung der Novellenhandlung durch das Haus-Motiv
Wirkung auf den Leser: Verunsicherung, Irritation

Der inhaltlichen Erarbeitung kann eine gestalterisch-produktive Auseinandersetzung mit dem raumsemantischen Symbol des Hauses folgen. Dabei kann die Haus-Metapher dazu dienen, sich mit einer eigenen (familiären, freundschaftlichen oder auch einer Liebes-) Beziehung zu einem Menschen auf einer bildhaften Ebene auseinanderzusetzen. So können die Schülerinnen und Schüler die verschiedenen „Räume“ mit unterschiedlichen Bereichen der Beziehung gleichsetzen und entsprechend mit symbolhaft aufgeladenen Gegenständen „füllen“. Daneben kann es auch unentdeckte Räume geben, hinter denen sich etwas verbirgt. Der Fantasie der Lernenden sind keine Grenzen gesetzt. Die Ergebnisse können dabei versprachlicht oder auch bildlich festgehalten werden, d. h., es kann sich um einen beschreibenden Text oder auch eine Zeichnung handeln.
Eine solche Auseinandersetzung sollte dabei nicht zwingend Gegenstand einer Präsentation sein. Da es sich um eine ganz persönliche Angelegenheit der Einzelnen handelt, sollte es ihnen freigestellt sein, das eigentliche Ergebnis zu zeigen oder auch nicht. Möglicherweise ist es aber ratsam, über den Prozess des Erstellens im Unterricht zu sprechen, um zu reflektieren, welche Chancen und Grenzen eine solche Aufgabe bietet.

Die Lernenden erhalten folgende Aufgabe:

- *In der Novelle steht das „Haus“ auch für die Beziehung zwischen Gottfried Klausen und seiner Ehefrau Xenia.*
  Völlig unabhängig vom hier eher düsteren Ausgang sollen Sie selbst mit der Haus-Metaphorik experimentieren, indem Sie eine Ihrer eigenen Beziehungen (z. B. in der Familie, unter Freunden oder auch mit einem Partner) sich als ein „Haus“ vorstellen. Dabei sollen Sie sich verschiedene „Räume“, d. h. Gebiete, wo Sie oder die andere Person (oder beide) vorwiegend „wohnen“, überlegen und dabei auch beschreiben bzw. zeichnen, welches Mobiliar sich darin befindet. Wie sieht Ihr eigener, innerster „Raum“ aus? Welche Farben und Gegenstände dominieren? Wofür stehen diese? Wo gibt es gemeinsame Räume? Des Weiteren sind Ihrer Fantasie keine Grenzen gesetzt: Sie können unentdeckte Räume ins Haus setzen, es ausbauen oder Räume renovieren.
- *Suchen Sie sich jemanden Vertrautes aus, mit dem Sie Ihre Darstellung austauschen möchten.*

Für den Fall, dass in dem Kursverband noch keine hinreichende Auseinandersetzung mit den Besonderheiten der Textgattung „Novelle“ stattgefunden hat (z. B. im Rahmen von Unterrichtsreihen zu zeitlich früher entstandenen Novellen), ist es notwendig, hieran weiterzuarbeiten, um die „Machart“ des Textes einerseits und andererseits die literarische Tradition, in welche er eingebunden ist, zu erhellen.
Die Lernenden erhalten das **Arbeitsblatt 1**, S. 44 f., und arbeiten mithilfe folgender Aufgabenstellung:

- *Halten Sie die Informationen zur Textgattung „Novelle“ in Form einer Mindmap fest. Finden Sie dafür zunächst übergeordnete Kategorien als „Äste“ und ordnen Sie die Einzelinformationen diesen zu.*
- *Zeigen Sie an dem Text „Das Haus in der Dorotheenstraße“, dass es sich um eine Novelle handelt.*

Folgende Ergebnisse sind denkbar:

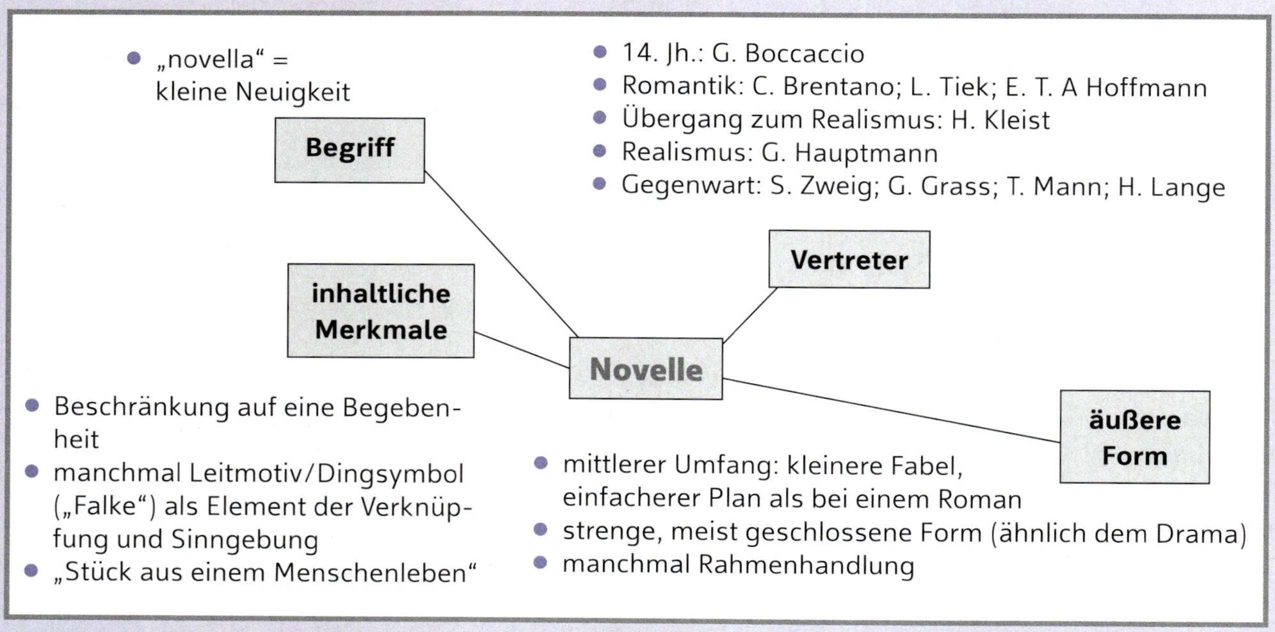

Die Frage, ob es sich bei dem Haus-Motiv um das „Dingsymbol“ bzw. den „Falken“ der Novelle handelt, lässt sich hier nicht eindeutig beantworten. Dafür spricht eine mehrmalige Erwähnung an prominenten Stellen der Novelle. Dagegen jedoch spricht, dass der gesamte Mittelteil der Novelle an einem anderen Ort (London) spielt und hier einem anderen, wiederkehrenden Motiv in Gestalt der Dramenfigur Othello und dem ihm im Drama zugeschriebenen Zitat „put out the light“ eine wichtige, die Handlung vorantreibende Rolle zukommt.
Für die Deutung der Novelle ist es daher im unterrichtlichen Zusammenhang nicht unbedingt zielführend, dezidiert die Frage nach dem „Dingsymbol“ als eigenen Erarbeitungsschritt zu stellen. Sollte die Frage jedoch vonseiten der Schülerinnen und Schüler gestellt werden, kann darüber ein offenes, spekulierendes Gespräch stattfinden.

1.4 Szenen einer Ehe – Analyse vor dem Hintergrund des Strukturmodells der Psyche von Sigmund Freud

Das schleichende Unglück, von dem Gottfried Klausen heimgesucht wird, beginnt mit der räumlichen Trennung von seiner Frau Xenia. Dabei drückt sich die daraus resultierende Unzufriedenheit – wie überhaupt die seelische Befindlichkeit der Perspektivfigur – raumsemantisch aus. In London angekommen, missfällt ihm neben dem schlechten Wetter vor allem die Tatsache, dass man ihm eine Zweizimmerwohnung zugewiesen hat, in welche er zunächst ohne die Perspektive eines Nachzugs seiner Frau einzieht. Dass sich Xenia dann offenbar immer stärker zurückzieht und zu Zeitpunkten, an denen sich die Eheleute zum Telefonieren verabredet haben, nicht erreichbar ist, ruft in Klausen zunächst Unverständnis hervor.
Als sie dann nicht am Flughafen erscheint, wo Klausen auf sie wartet, um eine gemeinsame Wohnung anzusehen, und sich schließlich auch noch eine Männerstimme an ihrem Handy meldet, gerät Klausen in einen Zwiespalt zwischen dem Wunsch nach rationalen Erklärungen und einem „Anflug von Gekränktheit“ (S. 64, Z. 220). Zu einem klärenden und ehrlichen Gespräch jedoch kommt es nicht, weil Klausen – vielleicht etwas vorschnell – die Schuld bei sich sucht und sich zu Zugeständnissen, wie z. B. häufigen Besuchen seinerseits in Berlin, bereit erklärt. Dass er allerdings nur vordergründig beruhigt ist, bezeugen die Veränderungen im Hinblick auf seine Wahrnehmung der Wirklichkeit (vgl. dazu Kap. 1.5).
Die für ihn typischen Verdrängungs- und Rationalisierungsversuche als Reaktion auf Irritierendes in der Beziehung greifen an der Stelle nicht länger, als er wiederholt eine Männerstimme am anderen Ende der Leitung sowie ein Frauenlachen Xenias vernimmt. Der Verdacht, seine Frau betrüge ihn, dringt nun ungefiltert an ihn heran und zerstört die äußere Schale der Vernunft und Rationalität. Hervor tritt das Verdrängte und Irrationale, das sich dann auch in seinen Handlungen Bahn bricht und somit auch für Außenstehende wie z. B. den Chefredakteur sichtbar wird.
Für die Lernenden ist es wichtig, die verschiedenen Momente der Irritation innerhalb der Ehe im Sinne einer Inhaltssicherung zu benennen und mit Blick auf Klausens Innenleben zu analysieren. Dazu ist es hilfreich, vorab Hintergrundinformationen hinzuzuziehen. Geeignet erscheint beispielsweise das Strukturmodell der Psyche nach Sigmund Freud (erste Topik), weil sich auf dieser Grundlage sowohl die vordergründigen Verhaltensweisen Klausens als bewusste Reaktionen als auch die sich möglicherweise ins Unbewusste verdrängten Impulse, Gefühle und Triebe voneinander unterscheiden lassen. Diese Erkenntnisse können die Lernenden wiederum nutzen, um das Nicht-Gesagte, nur Angedeutete in der Novelle verstehen zu lernen.

Die Schülerinnen und Schüler arbeiten mithilfe des **Arbeitsblattes 2**, S. 46, anhand folgender Aufgabenstellungen:

1. *Erläutern Sie das topische Modell der Psyche nach Freud unter Zuhilfenahme des „Spiegel"-Titelbilds „Die Seele ist ein Eisberg" und des Textes.*
2. *Erarbeiten Sie anhand folgender Textstellen, welche Momente für die Ehe zwischen Gottfried Klausen und Xenia seit seinem Weggang nach London entscheidend gewesen sind. Notieren Sie dabei stichwortartig das Ereignis und die Reaktion des Ehemannes darauf.*
   a. S. 115 – 151; b. S. 152 – 244; c. S. 301 – 317

Die Ergebnisse können in Form eines Tafelbildes festgehalten werden:

Stationen einer Ehe – Gottfried und Xenia Klausen

Ausgangssituation: Weggang Klausens von Berlin nach London, räumliche Trennung von der Ehefrau Xenia

Station	Situation	Reaktion Gottfried Klausens
1	abendliches vergebliches Warten auf Anrufe von Xenia	Enttäuschung, Selbstbefragung („Warum ruft Xenia nicht an?")
2	vergebliches Warten am Flughafen, Vernehmen einer Männerstimme am Handy Xenias und Abbruch der Kommunikation	zunächst „Anflug von Gekränktheit", später Rationalisierungsversuche in Form von Selbstvorwürfen und Versuchen, Xenias Verhalten zu erklären
3	erneutes Vernehmen einer Männerstimme an Xenias Handy, zusätzlich ein Frauenlachen im Hintergrund	ungefiltertes Aufkeimen des Verdachts, eine verlogene Ehe zu führen

Mit folgenden Aufgabenstellungen können die Lernenden weiterarbeiten und die textimmanenten Ergebnisse mithilfe eines textübergreifenden Ansatzes reflektieren und vertiefen:

3. *Erklären Sie die Reaktionen Gottfried Klausens mithilfe des Modells von Freud, indem Sie folgende Fragen beantworten:*
   - *Was geschieht auf der bewussten Ebene?*
   - *Welche Gefühle, Impulse, Triebe ... etc. könnten Klausens Unbewusstes beherrschen?*
4. *Greifen Sie die Eisberg-Metapher auf und konkretisieren Sie sie im Hinblick auf Klausen, indem Sie den oberen und unteren Teil des Eisbergs mit Inhalten füllen.*

Das Titelbild des Magazins „Der Spiegel" rekurriert auf die Theorie Freuds und stellt dabei eine Form der Verbildlichung dar, die den Verstehensprozess der Schülerinnen und Schüler unterstützen kann. Die in den Tiefen abgebildeten Kreaturen veranschaulichen die unbewussten Seeleninhalte und zeigen dem Betrachter das Traumhaft-Unwirkliche dieses Bereiches. Logik, Kausalität und Rationalität sind aufgehoben, stattdessen beherrschen Gestalten aus Träumen oder Märchen die Figur, die sich nur mühsam mit ihrem Kopf „über Wasser",

d.h. im Bereich des Bewusstseins halten kann. Zu groß ist der Einfluss dessen, was sich in den Tiefen der Seele befindet und umso mehr Macht über das Handeln ausübt, je weniger es mit den Mitteln des Verstandes erfassbar ist.
Die Lösung der dritten Aufgabe kann individuell ausfallen. Dabei liegt es nahe, den Bereich des Bewussten mit Begriffen wie „Vernunftorientierung“, „Rationalität“, „Versuch, zu verstehen“ oder ähnlichen Schlagworten zu füllen, das Unbewusste dagegen mit Impulsen und Gefühlen zu umschreiben, die denen des Othello aus Shakespeares Drama eigen sind: radikale Subjektivität in der Wahrnehmung bis hin zum Wahnsinn, Ängste, Rache- und Mordgedanken.

1.5 Die Wahrnehmung der Wirklichkeit – Symptom für die innere Befindlichkeit

Gottfried Klausen gerät im Laufe seiner Tätigkeit in London und damit während der Zeit, in welcher seine Frau und er nicht zusammenleben, immer stärker in eine Krise. Der Grund dafür ist sein zwar niemals geäußerter, aber dennoch erkennbarer Verdacht, seine Frau habe sich von ihm entfremdet und betrüge ihn. Aus dem ehemals rationalen, klar denkenden Beobachter und Kommentator seiner Zeit und Umwelt wird ein Mensch, dessen Wahrnehmung sich immer stärker eintrübt, weil Impulse aus seiner Psyche die Steuerung übernehmen. Dieser Vorgang vollzieht sich zunächst, ohne dass Klausen sich dessen bewusst ist.
Der Protagonist reagiert auf die Konfliktsituation mit einer Wahrnehmungsweise, die auf einen Zerfall von Kohärenz und auf ein Auseinanderdriften dessen, was zuvor als Einheit erschien, hinweist. Das erste Mal, dass der Erzähler eine derartige Entfremdung beschreibt, geschieht kurz vor dem Einschlafen in der Einsamkeit der Londoner Wohnung. Dieser Zeitpunkt verweist in besonderer Weise auf die Herkunft der Impulse aus der Psyche, da diese im Schlaf die Bilder des Unbewussten in Form von Träumen produziert. Klausen ist zu diesem Zeitpunkt im Theater gewesen und hat „Othello“ gesehen und anschließend vergeblich versucht, seine Frau Xenia zu erreichen. Die eigentlich gewohnte räumliche Umgebung der Wohnung erscheint im Dämmerlicht unheimlich und das „grenzenlose Draußen“ wirkt, „da niemand es wahrnimmt, wie unerlöst, wie beziehungslos, wie eine Welt ohne Gegenüber“ (S. 63, Z. 138f.) – ein Zustand, der metaphorisch auch auf die Beziehung zwischen Xenia und Gottfried verweist. Dabei wird allerdings die letzte Konsequenz, also die endgültige Trennung und der Zerfallsprozess der Wahrnehmung im Konjunktiv, d.h. als Möglichkeit und nicht als vollzogen vorgestellt. Es hat eine Irritation stattgefunden, die sich nur unterschwellig und erstmals kurz vorm Schlafen äußert.
Eine weitere, nur ein wenig verzerrte Wahrnehmung von Wirklichkeit wird erkennbar, als Klausen am Flughafen auf die Ankunft seiner Frau wartet. Seine Aufregung äußert sich dabei darin, dass ihm die Lautsprecheransagen „irgendwie übersteuert“ (S. 63, Z. 190) erscheinen und er ihren Inhalt kaum verstehen kann. Hier wird erstmals erkennbar, dass die Emotionen seine Wahrnehmung steuern und eintrüben, auch wenn er sich dies nicht eingesteht und später die für ihn üblichen Rationalisierungsversuche vornimmt, um Harmonie mit seiner Frau sowie Kohärenz mit der Welt wiederherzustellen. Die Zusicherung, statt ihrer die Reise auf sich zu nehmen, stellt dafür ein auch äußerlich sichtbares Zeichen dar.
Weitere gravierende Momente der Wahrnehmungstrübung zeigen sich im Zusammenhang mit dem Vulkanausbruch. So ist es zunächst der „Brandgeruch“ (S. 64, Z. 268), der Klausen dazu veranlasst, die Nacht vor der Abreise zurück nach Berlin bei geschlossenem Fenster zu verbringen. Symbolisch zeigt sich hierin der Rückzug aus der Welt in sein eigenes Inneres. Diese Tendenz wird noch verstärkt durch einen weiteren Anruf bei Xenia vom Flughafen aus und das Gewahrwerden einer Männerstimme sowie eines Frauenlachens im Hintergrund.

Klausen traut sich nicht, nochmals zurückzurufen, um Klarheit in die Sache zu bringen und seinen Verdacht zu überprüfen. Dieser Abbruch der Kommunikation äußert sich metaphorisch in dem verschlossenen Himmel über England (vgl. S. 65, Z. 324).
Endgültig und eindeutig tritt die Dissoziation von Ich und Welt im Falle Klausens auf, als er beginnt, seine Wahrnehmungstrübung sowie seine privaten Themen wie Untreue zum Inhalt seines journalistischen Schreibens zu machen. Die Ursache für die Verdunklung sucht er jedoch nicht in seiner eigenen Subjektbefindlichkeit, sondern im „Londoner Wetter“, welches „die Umgebung verwischen würde, so dass man Mühe hätte, sich zu orientieren“ (S. 65, Z. 382). Nun bemerkt auch sein Umfeld in Gestalt des Chefredakteurs, dass etwas mit Klausen nicht stimmt, und stellt seine berufliche Eignung infrage.
In Klausens Fall kann man demnach von einer Steigerung seiner Bewusstseinstrübung sprechen, die mit der Steigerung seiner inneren Bedrängnis und dem immer stärker empfundenen Gefühl, betrogen worden zu sein, einhergeht.
Die Schülerinnen und Schüler nähern sich zunächst dem Begriff der „Wahrnehmung“ mittels eines Lexikoneintrags an und wenden die darin enthaltenen Informationen in ihren unterschiedlichen Facetten an, indem sie Zitate von verschiedenen Intellektuellen, die sich über das Problem menschlicher Wahrnehmung in Form von Aphorismen geäußert haben, bearbeiten. Dabei sollte deutlich werden, dass es so etwas wie „objektive“ Wahrnehmung nicht geben kann, weil jeder Mensch aus der Fülle der Eindrücke von innen und außen nur einen Teil aufnehmen und ihn gemäß seiner persönlichen Disposition zu einem als sinnvoll und kohärent empfundenen Ganzen zusammensetzen muss. Wahrnehmung ist somit kein neutraler Vorgang mit einem objektiv immer gleichen Ergebnis, sondern impliziert eine Deutung von Welt.

Die Schülerinnen und Schüler erarbeiten das **Arbeitsblatt 3**, S. 47, unter folgender Aufgabenstellung:

- *Erläutern Sie die Zitate von Nietzsche, Kierkegaard, Meyer und Schopenhauer unter Zuhilfenahme des Lexikonartikels.*
- *Stellen Sie einen Bezug zur Novelle her, indem Sie Hypothesen darüber bilden, was Gottfried Klausen wahrnimmt und wodurch dieser Vorgang gesteuert wird.*

Um diesen Mechanismus für Schülerinnen und Schüler nochmals anschaulicher zu machen oder aber einen erfahrungsbasierten Zugriff auf die Thematik zu gestalten, ließe sich (zusätzlich oder alternativ) ein kleines Experiment durchführen. Die Lernenden erhalten das **Arbeitsblatt 4**, S. 48 f., mit Bildmaterial (in diesem Fall zum Thema „London“), das gegebenenfalls noch durch Tonmaterial (z. B. durch Geräusche einer Großstadt) ergänzt werden kann, und dürfen dieses eine Minute lang wahrnehmen. Gesprochen und geschrieben wird dabei nicht. Anschließend wird ihnen das Material weggenommen und sie sind aufgefordert, ihre Eindrücke schriftlich zu fixieren.
Folgende Fragestellungen bieten sich dazu an:

- *Welche Bilder (und ggf. Geräusche) sind Ihnen im Gedächtnis geblieben? Schreiben Sie sie spontan auf.*
- *Welche Stimmungen haben die Wahrnehmungen bei Ihnen ausgelöst? Notieren Sie sie, indem Sie einen anderen Stift benutzen.*
- *Ziehen Sie ein Fazit aus dem, was Sie von „London“ wahrgenommen haben, indem Sie folgenden Satzanfang weiterführen: „London ist eine Stadt, die ...“*

In einem zweiten Schritt sind die Schüler und Schülerinnen aufgefordert, die gewonnenen Ergebnisse mit einem Lernpartner oder auch im Quartett zu vergleichen. Dabei werden sie feststellen, dass sich nur manche eindeutige Informationen wiederholen, anderes sich jedoch unterscheidet. In einem Gespräch (in Partner- oder Gruppenarbeit) sollten sie nach Gründen für die unterschiedlichen Wahrnehmungen suchen, die z. B. in dem Grad des Wissens bzw. der Kenntnis über London (Benennung der Gebäude, evtl. eigene Reise-Erfahrungen), in dem subjektiven Empfinden und der spontanen Wertung der Großstadt oder einfach auch in der momentanen Laune und Aufnahmefähigkeit zu suchen sind.
Folgende Fragestellungen können Anlass sein, ins Gespräch zu kommen:

- *Vergleichen Sie die Ergebnisse mit einem Lernpartner (oder in einer Kleingruppe). Stellen Sie heraus, welche Gemeinsamkeiten und Unterschiede bestehen.*
- *Überlegen Sie, wie es zu den Ergebnissen gekommen ist: Was hat Ihre jeweilige Wahrnehmung der Stadt London, wie sie Ihnen in den Materialien begegnet, beeinflusst?*
- *Überlegen Sie, welche allgemeinen Erkenntnisse über „Wahrnehmungen“ sich anhand des Experiments ableiten lassen.*

Im Anschluss daran erarbeiten Sie die Darstellung der Wahrnehmungen Klausens, wie der Erzähler sie vermittelt, anhand folgender Aufgabenstellung:

- *Stellen Sie heraus, wie der Erzähler Wahrnehmungen Gottfried Klausens beschreibt, und überlegen Sie auch, welche Umstände diese prägen.*
  a) Beim Einschlafen in seiner Londoner Wohnung (Z. 131 ff.)
  b) Auf dem Flughafen beim Warten auf Xenias Ankunft (Z. 182 ff.)
  c) Am Abend vor seiner Abreise (Z. 256 ff.)
  d) Nach dem Ausbruch des Vulkans Grimsvötn (Z. 317 ff.)
  e) Kurz vor seinem Aufbruch aus London (Z. 379 ff.)
- *Ziehen Sie ein Fazit, in welchem Sie die Wahrnehmungen Gottfried Klausens und ihre Entwicklung zusammenfassend deuten.*

Die Ergebnisse können mithilfe des folgenden Tafelbildes zusammenfassend dargestellt werden:

Die Wahrnehmungen Gottfried Klausens

In der Wohnung	Auf dem Flughafen	Am Abend vor der Abreise	Nach dem Vulkanausbruch	Kurz vor seinem Aufbruch
Grenzbereich zwischen Wachen und Schlafen: Gefühle der Entfremdung, des Auseinanderdriftens von eigentlich Zusammengehörendem	Schwierigkeiten, aus der Aufregung heraus die Lautsprecheransagen zu hören, Gefühl der „Übersteuerung" der Geräusche	Brandgeruch, der nicht lokalisiert werden kann, Schließen der Fenster	Abbruch der Reisemöglichkeiten, „verschlossener" Himmel über England	Verschiebung der Interessen (vom Sachlich-Seriösen hin zu unsachlichem Klatsch); Orientierungslosigkeit; Gefühl der Entfernung von den Dingen „bis zur Unkenntlichkeit"

Fazit/Deutung

- zunehmende Eintrübung der Wahrnehmungen (Steigerung)
- Beeinflussung durch private Krise (Verdacht der Untreue seiner Frau)
- Harmonie weicht dem Konflikt, Kohärenz in der Weltwahrnehmung der Dissoziation

Abgleiten in den Wahnsinn?

1.6 Zum Intertext – Erschließung der Figur „Othello" und ihrer Funktion in der Novelle

Der vom Autor ausdrücklich hergestellte intertextuelle Bezug zur Hauptfigur Othello des gleichnamigen Theaterstücks „The tragedy of Othello, the Moor of Venice" von William Shakespeare ist überaus wichtig für das Denken und Handeln der Hauptfigur in der Novelle. Oberflächlich betrachtet haben die beiden wenig gemeinsam: der eine (Othello) ein Feldherr aus vergangener Zeit in der Armee der Republik Venedig und dort als ein Fremder angesehen, weil er aus einem anderen Kulturkreis stammt, der andere (Gottfried Klausen) ein bürgerlicher, gut situierter Journalist der Jetzt-Zeit, der für eine Zeit als Auslandskorrespondent nach London geschickt wird.
Die Gemeinsamkeiten beginnen mit der äußeren Situation: Die Figur Othello, dessen Zusatz im Dramentitel (Moor) häufig mit „Mohr" übersetzt wird, obwohl es richtiger „Maure" heißen müsste, ist in der venezianischen Gesellschaft ein Fremdling. Dabei macht Shakespeare keine Aussagen über eine mögliche Zugehörigkeit zum Islam, es ist vielmehr wahrscheinlich, dass Othello Christ ist. Dennoch repräsentiert er den Typus des Fremden, dessen kultureller Unterschied auf der Bühne häufig auch für die Zuschauer ersichtlich gemacht wird, indem der Othello-Darsteller mit einem Farbigen besetzt wird. Bei Shakespeare ist dieser Fremde jedoch kei-

neswegs der „Barbar“ bzw. Unkultivierte, sondern vielmehr ein edler, aufrichtiger Charakter, der durch Intrigen in den Wahnsinn und die Gewalttat getrieben wird. Die interkulturellen Probleme beginnen dabei erst, nachdem Othello die Venezianerin Desdemona ohne das Wissen ihres Vaters geheiratet hat. Die Verbindung einer Europäerin mit einem Mann aus der Fremde stößt nicht auf Toleranz, wodurch die tragische Handlung in Gang gesetzt wird.
Auch Gottfried Klausen verschlägt es in die Fremde: Als Auslandskorrespondent wird er nach London geschickt, wo er sich, insbesondere im Anschluss an mehrfache Irritationen in Bezug auf seine Ehe, „mit [der] Gegend nicht anfreunden kann“ (S. 65, Z. 400 f.) und es ihm scheint, als verwische das Londoner Wetter die Umgebung bis zur Unkenntlichkeit. Gemeinsam ist beiden Figuren also das Gefühl der Entfremdung. Während dies im Falle Othellos eine gesellschaftliche Komponente hat und moderne Interpreten hierin das Problem des Rassismus erkennen, handelt es sich bei Klausen um eine psychische Realität. Die Verzerrung seiner Wahrnehmung und die Veränderung seines Wesens resultieren aus dem Verdacht, dass seine Frau Xenia ihn betrügt.
Das Motiv der nicht bewiesenen, aber möglichen Untreue der Ehefrau ist weiterhin die wohl offensichtlichste Gemeinsamkeit zwischen Othello und Klausen. Beide vermuten aufgrund unterschiedlicher Indizien eine Untreue ihrer Ehefrauen und steigern sich in diesen Verdacht so weit hinein, dass ihr Handeln davon beeinträchtigt wird. Der Einfluss anderer Kräfte als der Ratio spielt bei dem Abgleiten beider in den Wahn eine wichtige Rolle. Im Falle Othellos sind diese Kräfte eindeutig zu lokalisieren: Es sind die Einflüsterungen des bösartigen und intriganten Jago, welche den Helden zunächst in die Raserei und dann in den Wahnsinn stürzen. Im Falle Klausens wird dieser Vorgang als innerpsychischer Vorgang gezeigt, da hier die Gefühle und Impulse, die den Tiefen der Psyche entstammen, die Kontrolle über das Wahrnehmen und – dies aber nur möglicherweise – auch über das Handeln übernehmen.
Das Wahnsinnig-Destruktive, welches beide Figuren überkommt, wird u. a. metaphorisch im Zitat „put out the light“, das mehrfach in die Novelle eingewoben ist, deutlich. Dass dieses dann auch quasi als „Überschrift“ des sechsten und letzten Kapitels gewählt wird, stellt eine Leserlenkung dahingehend dar, dass die Möglichkeit des tragischen Ausgangs durch die Ermordung der Frau und damit eine letzte Gemeinsamkeit zwischen den Figuren angedeutet wird.
Im Hinblick auf die psychische Struktur Gottfried Klausens spricht einiges dafür, den „Othello“ als Bild für den Bereich, den Sigmund Freud das Unbewusste nennt, zu deuten. Die Figur des Mauren von Venedig eignet sich auch deshalb in besonderer Weise dafür, weil er als Fremder und als leidenschaftlich und impulsiv Handelnder auf Elemente verweist, die Gottfried Klausen verdrängt oder nie an die Oberfläche seines Bewusstseins hat kommen lassen. Er, der Rationalist und gut situierte Berliner, hat deshalb offensichtlich zunächst wenig gemein mit dem Getäuschten und Mörder. Die langsame Annäherung und schließlich sogar mögliche Identifikation deutet darauf hin, dass die Impulse aus dem Unbewussten die Kontrolle übernehmen, wodurch der Protagonist ein anderer wird.

Für die Schülerinnen und Schüler ist es von großer Bedeutung, die Funktion der Bezüge zum Drama Shakespeares herauszuarbeiten, um den letztlich nur angedeuteten, im Verborgenen liegenden Motiven, Impulsen und Gefühlen Klausens auf die Spur zu kommen. Dabei ist es auffällig, dass der erste Theaterbesuch noch „auf eine Empfehlung hin“ (S. 63, Z. 96) erfolgt, um die berühmte Royal Shakespeare Company zu sehen, und dass somit die erste Begegnung mit Othello zufälliger Art ist. Beim zweiten Besuch allerdings ist das Stück bekannt, und somit muss der Leser annehmen, dass Klausen aus einer eigenen Laune bzw. einem eigenem Impuls heraus dort hingeht. Dabei spielen, obwohl er es sich nicht eingestehen will, die Irritation in seiner Ehe und der sich immer stärker erhärtende Verdacht einer Untreue seiner Frau eine Rolle. Dass er dann das Theater verlässt, kann als ein – letztlich nur schwacher – Versuch gedeutet werden, sich gegen sein eigenes Unbewusstes zu wehren. Von einer Steigerung des Einflusses Othellos auf Klausen kann auch insofern gesprochen werden, als er das Zitat aus dem Drama schließlich gar nicht mehr aus dem Kopf bekommt und darüber beginnt, „fahrig zu werden“ (S. 65, Z. 368). Unbewusst verschmilzt er mit der Figur, sodass wie bei dieser die Dunkelheit seine Wahrnehmung, sein Denken, Fühlen und möglicherweise auch sein Handeln zu steuern beginnt.

Die Lernenden erhalten zunächst einmal einen Recherche-Auftrag, welcher auf die dann folgende Untersuchung der intertextuellen Bezüge vorbereitet. Diese Aufgabe kann selbstverständlich auch in Form eines Referats vergeben werden. Alternativ kann hier auch eine knappe Darstellung des Inhalts (siehe **Zusatzmaterial 2**, S. 56) gewählt werden.

- *Recherchieren Sie zum Drama „The tragedy of Othello, the Moor of venice“ von William Shakespeare. Halten Sie wesentliche Informationen über den Handlungsgang und insbesondere auch die Hauptfigur fest, sodass Sie auf dieser Grundlage einen Kurzvortrag gestalten können.*

Eine mögliche Auswertung kann im Unterricht dann so erfolgen, dass eine Schülerin bzw. ein Schüler den Vortrag hält und ein anderer bzw. eine andere dabei den Auftrag bekommt, wesentliche Eigenschaften der Hauptfigur aus dem Gesagten heraus für alle sichtbar (Folie, Tafel, Flipchart) zu notieren. Im Anschluss daran können noch weitere Eigenschaften ergänzt werden. Dabei kann es möglicherweise ratsam sein, einige bildliche Darstellungen zum Drama hinzuzuziehen, die jeweils andere Aspekte der Figur hervorheben. Eine Zusammenstellung findet sich auf dem **Arbeitsblatt 5**, S. 49, welches den Schülerinnen und Schülern entweder als Kopie vorgelegt oder mittels Beamer präsentiert werden kann. Auf dem ersten Bild wird Othello als jemand gezeigt, welcher durch die Einflüsterungen Jagos fremdgeleitet wird. Das Bild von Theodore Chasseriau zeigt Othello von einer Seite, die untrennbar auch zu seinem Wesen gehört: als leidenschaftlich Liebenden, der die emotionale Verbundenheit mit einer bräutlich wirkenden Desdemona hier durch Blickkontakt, Körperhaltung und Berührung zum Ausdruck bringt. Dem Betrachter zeigt sich das Paar äußerlich als ungleich, ja sogar gegensätzlich, dabei jedoch einander liebend zugewandt. Zugleich liegt Othellos Gesicht im Schatten, sodass seine Mimik sich dem Betrachter nicht völlig offenbart – ein Hinweis auf verborgene Seiten seines Charakters. Das Bild aus einer Inszenierung mit Kapar Medetbekov als Othello besticht vor allem durch die Mimik des Schauspielers. Sein Blick geht zur Seite, als beobachte er unbemerkt etwas aus der Ferne, er wirkt lauernd, als warte er auf die Bestätigung eines Verdachts. Dabei stehen ihm seine Gefühle des nagenden, zerstörerischen Zweifels geradezu ins Gesicht geschrieben. Das Extreme in Othellos Wesen, das sich rationaler Überprüfung entzieht, wird dabei besonders anschaulich deutlich. Das letzte Bild zeigt Othello am Bett Desdemonas stehend kurz vor seiner Tat und bildet damit den Moment ab, welcher das verbindende Element zwischen Langes Novelle und dem Intertext Shakespeares darstellt. Die Schülerinnen und Schüler sollten, wenn dies noch nicht geschehen ist, Othellos Zwiespalt zwischen Liebe und Hass zu Desdemona, seine Manipulierbarkeit sowie seine Leidenschaftlichkeit, die sich bis in den Wahnsinn steigert, ableiten.
Noch entscheidender ist die Erkenntnis der Deutung von Othello, wie sie durch Hartmut Lange im Zusammenhang mit seinem autobiografischen und selbstreflexiven Text „Meine Realitätserfahrung als Schriftsteller“ formuliert wird. Anders als man es ihn als DDR-Schriftsteller gelehrt hat (nämlich im Sinne der herrschenden marxistischen Doktrin), sieht er in Othellos Eifersucht nicht das „Resultat einer Intrige aus dem Geist der beginnenden Warenwirtschaft“[1], sondern den Ausdruck einer „durch nichts zu determinierende[n] Subjektivität“. Es sei nicht die Eifersucht, die ihn treibe, sondern sein Subjektbefinden und die damit einhergehende Weltwahrnehmung.
Er begründet seine Hypothese damit, dass Othellos Leidenschaft und seine Liebe bis hin zur Selbstzerstörung reichten, weil seine Wahrnehmung der Realität es ihm unmöglich mache,

[1] Lange, Hartmut: Meine Realitätserfahrung als Schriftsteller. In: Paderborner Universitätsreden. Hg. v. Peter Freese. Paderborn, 1997, S. 23

sich über den Verdacht der Untreue, die ihm mittels einer Intrige eingegeben worden sei, auf vernünftigem Wege Klarheit zu verschaffen. An diesen Aussagen können die Lernenden einen Ansatzpunkt für einen ertragreichen Vergleich zwischen Gottfried Klausen und Othello finden.

Die Lernenden bearbeiten das **Arbeitsblatt 5**, S. 49, mithilfe folgender Aufgabenstellung:

- *Erschließen Sie aus den bildlichen Darstellungen Eigenschaften des Shakespeare'schen Protagonisten „Othello".*
- *Stellen Sie anhand der Aussagen Langes heraus, warum Othello nach Langes Meinung eine Figur ist, die eine „durch nichts zu determinierende Subjektivität" verkörpert.*
- *Formulieren Sie Ansätze für einen Vergleich zwischen Othello und Gottfried Klausen.*

Die Ergebnisse können in Form eines Tafelbilds gesichert werden:

Othello und Gottfried Klausen – ein Vergleich

Gemeinsamkeiten	Unterschiede
• Fremde in der Umgebung, wo sie arbeiten	• äußere Situation: Feldherr aus der Vergangenheit, Journalist der Gegenwart
• Verdacht, dass ihre jeweilige Frau sie betrügt, ohne Motivation, sich über diesen Verdacht Klarheit zu verschaffen	• Herkunft und äußeres Erscheinungsbild
• Verlust von Kontrolle über das eigene Handeln	• Gründe für den Wahnsinn und die Gewalt: Intrige (Othello); Beginn von Wahrnehmungsstörungen (Klausen)
Ausgang der Geschichte: Mord an der Ehefrau?	

Im Anschluss daran werden die Ergebnisse durch eine intensivere Arbeit am Novellen-Text überprüft. Folgende Aufgabenstellung bietet sich an:

- *Untersuchen Sie, auf welche Weise die Figur des Othello in der Novelle eingewoben ist. Beantworten Sie dazu folgende Fragen:*

  a) *Zu den Theaterbesuchen (Kapitel 2, Kapitel 5):*
  - *Aus welchen Gründen besucht Klausen das Theater?*
  - *Welche Passagen aus dem Original werden zitiert? An welcher Stelle stehen Sie im Dramentext (Recherche-Aufgabe)? Was bedeuten sie übersetzt?*
  - *Was sind seine unmittelbaren Reaktionen auf das Bühnengeschehen? Welche Folgerungen über sein Innenleben lassen sich daraus ableiten?*
  - *Was hat sich vom ersten auf den zweiten Theaterbesuch verändert?*

  b) *Zu der Überschrift des letzten Kapitels:*
  - *Warum wird das Zitat „put out the light" dem letzten Kapitel der Novelle vorangestellt? Welche Verbindung besteht zwischen diesem Zitat und dem Inhalt des Kapitels?*

Ziehen Sie dazu folgende Textstellen zurate:

Z. 95 – 114: Erster Theaterbesuch Gottfried Klausens (Kapitel 2)
Z. 345 – 365: Zweiter Theaterbesuch Klausens (Kapitel 6: Ende)

Die Ergebnisse können in einem Tafel- bzw. Folienbild gesichert werden:

Othello – Kontrast- und Identifikationsfigur zugleich

Der erste Theaterbesuch	Der zweite Theaterbesuch
erfolgt zufällig ohne Kenntnis über das Drama	erfolgt aufgrund des eigenen Entschlusses
ruft Verwunderung hervor, die Handlung erscheint „vollkommen unglaubwürdig“ (Z. 104)	ruft inneren Konflikt hervor, der sich im verfrühten Weggang äußert
kein wörtliches Zitat außer dem Titel	wörtliches Zitat aus Othellos Monolog vor der Ermordung Desdemonas als Zeichen für den großen Eindruck auf Klausen
→ Othello als Kontrastfigur zum rational denkenden Klausen	→ Othello als Spiegelfigur für die unbewusst aufsteigenden Impulse aus Klausens Seele, gegen die er sich wehren will

- Wandlung der Bedeutung Othellos für Klausen von Distanz und Ablehnung bis hin zur unbewussten Identifikation (vgl. auch das Ende der Novelle)
- Othello als Symbol für das Abgleiten Klausens in den Wahnsinn und damit als Spiegel von dessen innerseelischen Vorgängen
- Bild für das Unbewusste (nach S. Freud)

In diesem Zusammenhang lohnt es sich, vertiefend die Metaphorik des Vulkanausbruchs in die Deutung einzubeziehen. Denn der Vulkan kann als ein Bild für ein mächtiges, glühendes Innenleben, das nach außen nicht sichtbar ist, dienen und auf Basis dieser Eigenschaften auf die menschliche Verfasstheit übertragen werden. Ein Ausbruch eines Vulkans wiederum zeugt dann von einem „Zuviel“ an Gefühlen und Impulsen aus dem Innern, die nach außen dringen, wo sie ihre zerstörerische Wirkung entfalten. Dabei geschieht der Ausbruch plötzlich und eruptiv, ohne dass viel Zeit bliebe, dieses Ereignis zu verhindern oder sich wenigstens davor in Sicherheit zu bringen.
Die Schülerinnen und Schüler arbeiten mithilfe folgender Aufgabenstellung:

- *Benennen Sie die Eigenschaften eines Vulkans und notieren Sie diese.*
- *Wofür könnten diese Eigenschaften im Kontext der Novelle stehen? Halten Sie Ideen für eine metaphorische Deutung des Vulkanausbruchs fest.*
- *Arbeiten Sie heraus, welche Konsequenzen der in der Novelle beschriebene Ausbruch des „Grimsvötn“ für den Fortgang der Geschichte hat. Gehen Sie dazu auf folgende Textstellen ein: Z. 266 – 287; Z. 317 – 332; Z. 414 – 420.*

Die Ergebnisse können in Form eines Tafelbildes festgehalten werden:

Der Ausbruch des Vulkans und seine Symbolik

Beschreibung:
- Brandgeruch, Verschließen der Fenster
- verschlossener Himmel
- Aschewolke statt klarem Himmel
- Flugverbote: Abbruch jeglichen Flugverkehrs

Symbolik:
- Gefahr der „Eruption" von verdrängten oder verschütteten Impulsen aus den Tiefen der Psyche
- Abbruch der Kommunikation, Ende der Verständigung
- Verdüsterung des Gemüts
- Macht der Irrationalität gegenüber der Vernunft und Klarheit

Die Ergebnisse können die Schülerinnen und Schüler weiterhin nutzen, um das bisher Erarbeitete in die Form eines längeren, ausführlicheren Textes zu bringen. Dazu bietet es sich insbesondere aufgrund der Zentrierung auf Gottfried Klausen an, eine literarische Charakterisierung zu formulieren. Diese Aufgabe kann auch eine mögliche Klausuraufgabe darstellen.

- *Erarbeiten Sie auf der Grundlage Ihrer bisherigen Erkenntnisse eine literarische Charakterisierung von Gottfried Klausen.*

1.7 Zur Person des Autors und seiner Erzählkunst

Die Bedeutung des Gegenwartsschriftstellers Hartmut Lange erschließt sich den Lernenden vertiefend, wenn nach Abschluss der textimmanenten Arbeit am exemplarischen Text auf einer Meta-Ebene weitergearbeitet wird. Zur Einordnung und Bewertung bedarf es einer Auseinandersetzung auf wissenschaftspropädeutischem Niveau, etwa mithilfe von poetologischen Selbstaussagen oder eines Beitrags aus der literaturwissenschaftlichen Rezeptionsgeschichte.
Weil das Werk Hartmut Langes tief von philosophischen Ideen und biografischen Erfahrungen durchdrungen ist, ist es notwendig, hierin einen Einblick zu gewinnen. Dies geschieht zunächst mithilfe eines Arbeitsmaterials mit biografischen Eckdaten, in welche poetologische Selbstaussagen hineinmontiert werden.
Die Schülerinnen und Schüler erhalten das **Arbeitsblatt 6**, S. 50f., und arbeiten mithilfe folgender Aufgabenstellung:

- *Erläutern Sie das Selbstverständnis Hartmut Langes als Schriftsteller und beschreiben Sie, welche Phasen er in seinem literarischen Wirken durchlaufen hat.*
- *Stellen Sie einen Bezug zwischen der Poetik des „späten" Lange und der Novelle „Das Haus in der Dorotheenstraße" her.*

Die Ergebnisse können in Form eines kleinen Tafelbilds festgehalten werden:

Der Schriftsteller Hartmut Lange – biografische und poetologische Selbstaussagen

- Schriftsteller als ein von der Welt Abgesonderter mit subjektivem Wahrnehmen und Empfinden und einem selbstbezogenen Darstellungswillen
- „Bewusstseinswandel" als prägende Erfahrung: Zweifel statt Gewissheit; Subjektivität statt begrifflich gefasster Weltwahrnehmung; Prosa statt Drama; existenzielle Themen statt politisch-gesellschaftlicher Fragestellungen als Leitthemen der Texte

Bezüge zur Novelle „Das Haus in der Dorotheenstraße":

- Darstellung einer Bewussteins-Krise des Protagonisten (radikale Infragestellung von nur scheinbaren Gewissheiten)
- Brüchigkeit der Weltwahrnehmung Klausens als Resultat seiner Subjektbefindlichkeit

Weiterführend lohnt sich außerdem ein Blick in die Rezeptionsgeschichte, um der Besonderheit der „späteren" Prosatexte von Lange auf die Spur zu kommen. Der zu diesen Zwecken ausgewählte Textauszug aus dem Aufsatz mit dem Titel „Gewissheit der Ungewissheit. Hartmut Langes Poetik der Irritation" von Sebastian Kleinschmidt eignet sich insofern, da hier der Versuch unternommen wird, nach dem, was für Langes Schreiben bedeutsam ist, zu fragen und es in eine Beziehung zu wesentlichen biografischen Erfahrungen zu setzen. Die Lektüre macht deutlich, dass ein Leser die Texte Langes, insbesondere im Hinblick auf das Ungesagte und die Brüchigkeit der Wahrnehmung, auch vor dem Hintergrund biografischer und weltanschaulicher Ein- und Umbrüche des Autors, verstehen kann. Dass die Protagonisten von Langes Texten Erfahrungen der Irritation gewohnter Denk- und Wahrnehmungsmuster erleben und dass ihnen dabei buchstäblich der Boden unter ihren Füßen verloren geht, mag dabei mit dem Zerbrechen von sicher geglaubten Gewissheiten, in Langes Fall philosophischer und politischer Natur, zusammenhängen. Die dadurch ausgelöste Krise ist dabei etwas, was dem Autor selbst nicht fremd ist. Dabei interessiert ihn vornehmlich die menschliche Psyche als ein „unbekannter Bezirk", der „uns stärker in Anspruch nimmt, als wir glauben"[1]. Nach eigener Aussage glaube er nicht an Übersinnliches, wohl aber an „psychopathische Gespenster" und erklärt: „Wir glauben, die Realität wahrzunehmen, dann kommt die Subjektbefindlichkeit dazwischen und dann fangen wir an, darauf psychisch zu reagieren und dann erzeugt unsere Psyche Vorstellungsbilder, die man manchmal nicht unterscheiden kann." Diesen Vorgang hält er indes für „völlig normal": „Wenn Ihnen ein Unglück geschieht, was Sie nicht verarbeiten können, dann reagiert die Psyche auf der Stelle. Sie dreht sich im Kreis."

Dieses Ausloten psychischer Vorgänge in einem Bewusstsein, welches stabilisierende, aber doch nur vermeintliche Gewissheiten aufgeben muss, beschreibt Kleinschmidt als das Leitthema der Prosa Langes. Dabei sei es die literarische Beschreibung des Moments der Irritation (vielleicht bei Lange die Goethe'sche „unerhörte Begebenheit" der Novelle), welche erst den Blick hinter die Wirklichkeit freigebe und deshalb als Transzendenzerfahrung gewertet werden könne.

Diese These lässt sich nicht nur auf die Novelle „Das Haus in der Dorotheenstraße" anwenden, sie führt auch hin zu der (auf andere Novellen Langes verallgemeinerbaren) Tiefendimension des Textes, welche den Lernenden in dieser Klarheit möglicherweise noch nicht vor Augen steht. Hinter dem Düsteren und der impliziten Todesthematik steht letztlich die Sinnfrage und mit ihr der nihilistische Abgrund, auf den zwar nicht jede seiner Figuren, doch aber der Autor selbst eine schöpferische Antwort findet.

[1] Diese und die folgenden Angaben entstammen einem Interview mit dem Autor, gesendet im Bayrischen Rundfunk, Quelle: https://www.youtube.com/watch?v=RXz2JBw83s4, Abruf: 20.10.2016

Die Lernenden bearbeiten das **Arbeitsblatt 7**, S. 52 f., mithilfe folgender Aufgabenstellung:

- *Arbeiten Sie aus dem Text heraus, welche Besonderheiten der Prosa Hartmut Langes genannt werden, und überprüfen Sie an der Novelle „Das Haus in der Dorotheenstraße“, inwiefern sich diese hieran bestätigen lassen.*

Die Ergebnisse können in Form eines Tafelbildes festgehalten werden:

S. Kleinschmidt: Gewissheit der Ungewissheit

Merkmale der Prosa Langes (nach Kleinschmidt)

- **Thema:** Irritation des Bewusstseins
- Manifestation dieser Irritationen in Form von Ungewissheiten, die Menschen geschehen und sie aus ihren gewohnten Wahrnehmungsschemata reißen
- **Folge:** Reise ins Ungewisse bzw. in nicht reale und unwirkliche Welten; statt Abbildung der Welt Erweiterung der Welt und damit Erreichen von Transzendenz
- **Stilistische Auffälligkeiten:** Paradoxie zwischen nüchterner Sprache und mystischer Erfahrung, Musikalität der Syntax

Bezug zur Novelle „Das Haus in der Dorotheenstraße“

- Irritation bei G. Klausen, ausgelöst durch den Verdacht der Untreue
- schleichender Verlust der Kontrolle über Wahrnehmungen, Gedanken und Gefühle
- Verdeutlichung des Kontrollverlusts durch Verweis auf Parallelfigur Othello

1.8 Die Novelle im Vergleich mit Texten von Heinrich von Kleist und E.T.A. Hoffmann

Die Bearbeitung dreier Texte (Heinrich von Kleist, „Die Marquise von O.“, E.T.A. Hoffmann, „Der Sandmann“, und Hartmut Lange, „Das Haus in der Dorotheenstraße“[1]), die vielfach als Novellen bezeichnet wurden[2], evoziert die Frage danach, inwiefern eine Vergleichbarkeit besteht und welche Kriterien dafür zugrunde gelegt werden können. Dabei liegt es aufgrund der Entstehungszeit der drei Texte nahe, nicht nur nach Unterschieden und Gemeinsamkeiten zu fragen, sondern auch danach, inwiefern der Gegenwartsautor Hartmut Lange in der Tradition der Autoren Kleist und Hoffmann steht und wie sich mögliche literarische Abhängigkeiten darstellen.
Um eine solch umfangreiche Aufgabe bewältigen zu können, benötigen die Lernenden Kriterien, die notwendig sind, damit konkrete und ergiebige Ergebnisse erzielt werden können. Diese zu finden kann je nach zeitlichem Budget und Lernstand einen von den Lernenden selbst zu leistenden Schritt im Unterrichtsprozess darstellen. In diesem Falle könnte ein Einstieg durch folgende Aufgabenstellung erfolgen:

- *Nach der Bearbeitung der Novelle von H. Lange und den zurückliegenden Unterrichtseinheiten zu „Die Marquise von O.“ (Heinrich von Kleist) und „Der Sandmann“ (E.T.A. Hoffmann) sind Ihnen nun drei Novellen von unterschiedli-*

---

1 Vgl. Vorgaben in NRW für das Abitur 2019.

2 Kleist selbst hat in Bezug auf den Text „Die Marquise von O.“ nicht von „Novelle“ gesprochen, und auch Hoffmanns Text wird mancherorts als „Schauerroman“ oder als „Kunstmärchen“ bezeichnet.

cher Prägung und aus unterschiedlicher Zeit bekannt. Sie sollen diese in einen Bezug zueinander setzen und sie miteinander vergleichen. Finden Sie in Partnerarbeit sinnvolle Vergleichskriterien, die Ihnen helfen, dabei strukturiert und kleinschrittig vorgehen zu können. Die Kriterien können sich sowohl auf den Inhalt als auch auf die Form beziehen.

Im Anschluss an eine Sammlung von Kriterien, die gesichert und auf Ergiebigkeit hin geprüft und diskutiert werden sollten, bietet sich ein weiterer Erarbeitungsschritt an, bei welchem jeweils zwei Schülerinnen und Schüler mehrere selbst gewählte Kriterien auswählen und sie für alle drei Texte inhaltlich füllen.

- *Wählen Sie von den Kriterien vier bis fünf aus, an denen Sie weiterarbeiten wollen. Dabei sollten sowohl formale als auch inhaltliche Aspekte berücksichtigt werden.*
- *Halten Sie Ihre Ergebnisse in Form einer Tabelle fest.*

Die möglichen Vergleichskriterien und Ergebnisse sind folgender Tabelle zu entnehmen. Dabei besteht hier kein Anspruch auf Vollständigkeit. Die Ergebnisse können aufgrund der Textfülle und der Polyvalenz von Literatur auch in Teilen variiert, erweitert oder auch verkürzt werden. Im Hinblick auf die Erweiterung der Schreibkompetenzen der Lernenden sollte ein Abschluss der Beschäftigung darin bestehen, die Ergebnisse des Vergleichs zu verschriftlichen, was etwa im Rahmen einer Hausaufgabe gefordert werden kann.

Vergleichskriterium	**H. von Kleist, Die Marquise von O. (1808)**	**E.T.A. Hoffman, Der Sandmann (1816)**	**H. Lange, Das Haus in der Dorotheenstraße (2013)**
Textart/Gattung	Novelle bzw. Erzählung	Novelle bzw. Kunstmärchen oder Schauerroman	Novelle
Erzählverhalten	auktorial (Bemühen des Erzählers um die Objektivität eines Chronisten), jedoch auch wertende und ironische Passagen	polyperspektivisches Erzählen: Variation von auktorialer und teils personaler Er-/Sie-Erzählung und dem teilweisen Wechsel in eine Ich-Erzählung	wechselnd auktoriales (Rahmenhandlung) und personales Erzählverhalten, Einschränkung der Allwissenheit des Erzählers am Ende
Sprache	Ambivalenz zwischen Formwillen und Sprachskepsis; hypotaktischer Satzbau mit eigenwilliger und nach rhythmischen Gesichtspunkten angelegter Interpunktion; Ironie; Kunst der Andeutung und Auslassung	Dramatisierung der Handlung durch einen an die Gefühlswelt Nathanaels angenäherten Stil	nüchterne Sprache, Kunst der Auslassung und Andeutung, Musikalität der Syntax, Vermischung von Wirklichem und Möglichem (Konjunktiv)

Vergleichskriterium	H. von Kleist, Die Marquise von O. (1808)	E.T.A. Hoffman, Der Sandmann (1816)	H. Lange, Das Haus in der Dorotheen-straße (2013)
Protagonisten	Frau in verschiedenen Rollen: Opfer einer Vergewaltigung, Tochter, Mutter, umworbene Braut; Sprachlosigkeit und extreme Gefühle aller Protagonisten angesichts skandalöser Vorkommnisse	Student und tragische Künstlerfigur Nathanael, Hinweis auf die Verbindung von Gegensätzen (Leben und Tod, Rationalität und Wahnsinn)	Journalist Gottfried Klausen, Rationalist, dem nach und nach der Boden unter den Füßen verloren geht
„unerhörte Begebenheit“ (Goethe)	unwissentliche Schwangerschaft aufgrund einer verdrängten Vergewaltigung	folgenreiche Wiederbegegnung mit einer Person aus der Kindheit (Coppelius/Coppola), daraufhin immer stärkeres Erleben wahnhafter und angstbesetzter Vorstellungen	Verdacht auf Untreue der Ehefrau während einer Zeit räumlicher Trennung von ihr; Verlust gewohnter Wahrnehmungen und existenzieller Sicherheit
Handlungsverlauf	Zeitsprünge (Gegenwart-Rückblende-Gegenwart) und Ortswechsel	linear, geprägt durch Offenheit, Widersprüchlichkeit und Verrätselung	linear, geprägt durch Ortswechsel und Erzählstruktur (Rahmen- und Binnenhandlung)
Beziehungen der Geschlechter	Verwischen eindeutiger Beziehungen zwischen Opfer-Täter; Frau-Mann; Vater-Tochter	Nathanael zwischen der aufklärerischen Clara und dem verführerischen „Automaten“ Olimpia	Vermutung ehelicher Untreue; Entfremdung der Eheleute
Auslassungen, Nicht-Gesagtes	die Vergewaltigung der Marquise (repräsentiert nur durch einen Gedankenstrich)	fehlende Erklärungen für Nathanaels Erleben und vage Andeutungen am Ende über Claras Zukunft	die angedeutete Untreue der Ehefrau Xenia; das offene Ende
Die Rolle des Unbewussten	Macht der Verdrängung; die Marquise zwischen Autonomiestreben und den Ansprüchen des Über-Ich (und der Gesellschaft)	Kindheitstrauma Nathanaels, ausgelöst durch das Märchen des „Sandmanns“ und den Tod des Vaters	Repräsentanz des Wahnsinns und der dunklen Seelenkräfte durch die Kontrast- und Parallelfigur Othello
Verunsicherung des Lesers	Leerstellen als Anlass zur Hypothesenbildung und Spekulation; Widerspruch zwischen dem Leseempfinden und dem nur vermeintlichen „Happy End“	logische Brüche, Vermischung von faktisch Möglichem mit Fantastischem; Unentschiedenheit des Erzählers in der Bewertung der Figuren; Widersprüchlichkeit und Polyvalenz der Handlung	Verunsicherungen in der Wahrnehmung des Protagonisten; Leerstellen bzgl. der Tatsachen (fehlende Sichtweise Xenias); Polyvalenz und Offenheit des Erzählschlusses

Vergleichskriterium	H. von Kleist, Die Marquise von O. (1808)	E.T.A. Hoffman, Der Sandmann (1816)	H. Lange, Das Haus in der Dorotheen-straße (2013)
wichtige Motive/ (Ding-)Symbole	Engel-Teufel-Motiv (bzgl. des Grafen und in Gestalt des Schwans)	das Augen-Motiv, das Motiv des Feuers; die Figur des Sandmanns	das Motiv des Vulkan-ausbruchs, das Symbol des Hauses, die Othello-Figur
Gesellschaftskritik	Kritik an der Rolle der Frau in der Gesell-schaft und der bürgerlichen Doppel-moral	Kritik an einseitig rational-aufkläreri-scher Weltsicht und an der Aussonderung des von der Norm abwei-chenden „Anderen"	Abweichung von der bürgerlichen Norm, Erschütterung von bisherigen Gewisshei-ten
Themen	Frage nach dem Menschen und seiner Prägung (z. B. durch Krieg, Familie und Gesellschaft)	Angst; die dunkle Seite des Menschen; Wahnsinn; Tod	Angst; Irritation des Bewusstseins; Verlust existenzieller Gewiss-heit; Abgleiten in den Wahnsinn

Die Frage danach, inwiefern Hartmut Lange als Gegenwartsautor von seinen Vorgängern beeinflusst wurde, beantwortet er teilweise selbst, indem er sich ausdrücklich in der Tradition Heinrich von Kleists verortet. Philosophisch angelegte Prosa, die stets knapp gehalten ist, sei in ihm angelegt: „Ich schreibe ja wie Kleist. Bei mir wäre selbst der Zauberberg nur 30 Seiten lang."[1] Neben der intensiven sprachlichen Arbeit auf der Suche nach Formvollendung, die jeweils zu einer besonderen Ausformung der Syntax führt, ist den beiden Autoren auch gemeinsam, dass es in beiden Fällen entscheidend auf das ankommt, was nicht erzählt, sondern nur angedeutet wird. Hinter einer Fassade, die im Falle der „Marquise von O." von erstarrten gesellschaftlichen Verhaltensnormen und im Falle der Novelle Langes von ehelicher Routine und beruflicher Alltäglichkeit geprägt ist, liegt das Abgründige, Skandalöse, das umso mehr auf den Leser einwirkt, je mehr es sich lediglich in Form vager Andeutungen äußert.

Doch finden sich in der jüngsten Novelle nicht nur Spuren des literarischen Vorbilds Kleist, sondern auch der literarischen Fantastik wieder, welche insbesondere in der Epoche der Romantik und dort vor allem in der Tradition der sogenannten „Schwarzen Romantik" Gestalt fand. Wie E.T.A. Hoffmanns Novelle „Der Sandmann" handelt auch die Novelle Langes von Abgründen, die letztlich in der Psyche des Menschen begründet liegen und auf die Ambivalenz der menschlichen Natur zwischen Rationalität und Irrationalität, Kulturschaffendem und Destruktivem, Eros und Thanatos verweisen. Die dunkle Seite der Psyche gewinnt literarisch Gestalt in Figuren, die das sinnlich und rational Fassbare übersteigen und somit das Alltägliche transzendieren bzw. erweitern. Das Geschehen, welches der Leser zunächst noch für real möglich gehalten hat, wird dadurch brüchig und folgt nicht länger den Gesetzen der Realität oder Logik, sondern ähnelt eher einem Traum bzw. Albtraum. Erzähltechnisch geschieht dies im Fall der zu vergleichenden Novellen mithilfe einer symbolhaft aufgeladenen Figur: Im Falle Hoffmanns ist es der titelgebende „Sandmann" und bei Lange der „Othello", welche dem Leser signalisieren, in welchem seelisch-geistigen Zustand sich der Protagonist Nathanael bzw. Gottfried Klausen befindet. Anders als bei Hoffmann bleibt bei Lange offen, ob der in dieser Figur repräsentierte Wahnsinn endgültig die Kontrolle über die Psyche oder die Handlungen übernimmt. Dadurch bleibt die Tragik, die Hoffmanns Novelle prägt, bei Lange vage und somit der Deutung des Lesers überlassen.

[1] Vgl. Drees, Jan: Der Blick aus dem Fenster (Rezension). URL: https://www.lesenmitlinks.de/rezension-der-blick-aus-dem-fenster/ (Aufruf: 27.03.2017)

Der Befund des Vergleiches zeigt, dass Hartmut Lange sich sehr bewusst auf die literarische Tradition vor ihm ebenso bezieht wie auch auf philosophische Diskurse. Nicht zuletzt dadurch kann die Beschäftigung mit seinem Text auf einem hohen intellektuellen Niveau stattfinden, das den Lernenden im Leistungskurs dabei verhelfen kann, auch textübergreifend zu denken und dabei zunehmend selbstständig Verbindungen zwischen Texten aus unterschiedlichen Epochen herzustellen.

Um einen solchen Denkprozess zu initiieren, ließe sich abschließend mithilfe folgender Aufgabenstellung arbeiten:

- *Die Novelle von Hartmut Lange ist der in dieser Übersicht jüngste Text. Sehen Sie Hinweise darauf, dass sich Lange auf seine literarischen Vorbilder Kleist und Hoffmann bezieht? Stellen Sie Gemeinsamkeiten zu Kleist einerseits und zu Hoffmann andererseits heraus.*

Notizen

Was ist eine Novelle? Zum Gattungsbegriff

Als Novelle bezeichnet man eine Erzählung mittleren Umfangs, die von einem bestimmten, herausgehobenen und ungewöhnlichen Ereignis erzählt. Der Novellendichter bzw. die Novellendichterin konzentriert sich auf die Darstellung dieses Ereignisses/dieser Begebenheit. Die Novelle besitzt eine strenge, meist geschlossene Form, d.h., sie weist oft eine kurze Einleitung auf und führt dann gradlinig, ohne ausschweifende Erzählstränge zum Höhepunkt und zum Ende. Mit dieser Struktur erinnert die Novelle an das klassische Drama. Manchmal ist das eigentliche Geschehen in eine Rahmenhandlung eingebettet. In vielen Novellen findet sich ein Leitmotiv, ein sogenanntes Dingsymbol; das ist ein äußeres, gegenständliches Zeichen, das sich durch die gesamte Novelle zieht und die Handlungsteile miteinander verknüpft (vgl. z.B. die Buche in Annette von Droste-Hülshoffs Novelle „Die Judenbuche").

Schriftsteller und Literaturwissenschaftler zur Novellistik

„Novellen werden vorzüglich eine Art von Erzählung genannt, welche sich von den großen Romanen durch die Simplizität des Planes und den kleinen Umfang der Fabel[1] unterscheiden."
(C.M. Wieland, 1772)

„Denn was ist eine Novelle anderes als eine sich ereignete unerhörte Begebenheit."
(Goethe, Gespräche mit Eckermann, 1827)

„Ein Menschenleben durch die unendliche sinnliche Kraft einer Schicksalsstunde ausgedrückt."[2]
(Georg Lukacs, 1911)

„Das Charakteristikum der Novelle liegt vor allem in der Beschränkung auf eine Begebenheit."[3]
(Benno v. Wiese, 1974)

„Sie gibt nicht das umfassende Bild der Weltzustände, aber einen Ausschnitt aus ihnen, der mit intensiver momentaner Stärke auf das größere Ganze als Perspektive hinweist, nicht die vollständige Entwicklung einer Persönlichkeit, aber ein Stück aus einem Menschenleben, das eine Spannung, eine Krise hat und uns durch seine Gemüts- und Schicksalswendung mit scharfem Akzente zeigt, was Menschenleben überhaupt ist."
(F. T. Vischer, 1857)

„Alles wird in einem einzigen Vorfall zusammengefasst, von dem aus das Leben (des Helden) dann nach rückwärts und vorwärts bestrahlt wird; und dieser Vorfall ist seltener und eigentümlicher Art ..."
(Paul Ernst, 1906)

Eine unerhörte Begebenheit

Als Goethe 1828 einer kurzen Erzählung den Namen „Novelle" gibt, knüpft er an eine literarische Tradition an, die von Giovanni Boccaccio mit seinem Decamerone, einem Zyklus von Geschichten, im 14. Jh. begründet wird. Boccaccio, der [...] als Vater der Novelle gilt, bettet seine Erzählungen in eine Rahmenhandlung ein: Edle Florentiner flüchten vor der Pest in ein Landhaus, wo sie einander Geschichten vortragen, um sich zu unterhalten und die Zeit zu vertreiben. Es sind anregende, überraschende und kurze Texte, die die eingeschlossene adlige Gesellschaft amüsieren und von der drohenden Pestgefahr ablenken.
Das italienische „novella" für „kleine Neuigkeit" spiegelt die Vorstellung von der kurzen, hörens- und erzählenswerten Angelegenheit wider, die sich damit nicht für den langen epischen Text, den Roman, eignet. Die Kürze bedient gleichzeitig eine im 14. Jh. neue Leserschaft: die der aufsteigenden Mittelschicht, wohlhabende, geschäftige Händler und Kaufleute. Eine Novelle lässt sich sozusagen „zwischendrin" mal lesen. Spannung, Atmosphäre und Charaktere, alles lebt von der dichten Darstellung und kann in einem einzigen Zug genossen werden. [...]
Nach Goethe entdecken im Laufe des 19. Jahrhunderts immer mehr Schriftsteller diese kurze Prosaform für sich. Wie bereits im 14. Jahrhundert in Italien reagiert

1 Fabel: Begriff hier im Sinne von „Plot" bzw. „Handlungsgerüst" eines Textes gebraucht
2 Die Seele und die Formen. Aisthesis Verlag, Bielefeld 2011
3 Die deutsche Novelle von Goethe bis Kafka, Bagel Verlag, Düsseldorf 1974

Best.-Nr. 022693

auch in Deutschland der Literaturbetrieb auf eine erweiterte Leserschaft. Das gesellschaftlich wie politisch erstarkte Bürgertum liest: Lesezirkel, Zeitschriften, Zeitungen erfahren eine ungeheure Nachfrage. In der Romantik wenden sich Autoren wie Clemens Brentano, Ludwig Tieck und E.T.A. Hoffmann der Novelle zu. [...] Im Übergang zwischen Romantik und Realismus steht Heinrich von Kleist, dessen Novellen „Das Erdbeben in Chili" (1807/1810) oder „Die Marquise von O." (1808) beispielhaft sind. [...]

Auch wenn mit Goethes Novellendefinition und denen romantischer und realistischer Autoren einige immer wieder genannte Merkmale umrissen sind, wird deutlich, dass sich keine einheitliche Definition dieser Textsorte leisten lässt. Anschauliches Beispiel hierfür ist der „Bahnwärter Thiel" (1887) von Gerhart Hauptmann, der im Untertitel „Novellistische Studie" heißt. In diesem Begriff treffen die vorangegangenen Überlegungen zur Novelle zusammen mit dem naturalistischen Ansatz, soziale, gesellschaftliche Wirklichkeit möglichst exakt, ohne poetische Überformung abzubilden. [...]

Mit dem Ende des 19. Jahrhunderts endet zunächst die Begeisterung für die Novelle. In der literarischen Moderne erscheint die Novelle formal zu stark begrenzt, zu eingeengt durch die verschiedenen Definitionsversuche der vorangegangenen Jahre. Sie erscheint nicht mehr geeignet für die Darstellung des zerrissenen Individuums in einer unübersichtlichen Zeit. Zudem kommt mit der amerikanischen Kurzgeschichte bereits Ende des 19. Jahrhunderts eine Erzählform auf, die der Novelle ähnelt, aber mehr poetischen Freiraum verspricht. [...]

Die Novelle existiert trotz allem weiter, teilweise direkt im Titel („Schachnovelle" bei Stefan Zweig) oder Untertitel wie bei Thomas Manns „Tonio Kröger". Auch Günter Grass' „Katz und Maus" sowie Christoph Heins Erzählung „Drachenblut" bezeichnen sich im Untertitel als Novelle. Neueren Datums ist die Novelle „Die Verteidigung des Nichts" (1998) von Hartmut Lange, eine von drei „Italienischen Novellen" [...]. So ist die Novelle auch heute noch eine lebendige Form des Erzählens, in der die Tradition fortlebt und die unerhörte Begebenheit immer wieder aufs Neue eingefangen und gestaltet wird.

Quelle: http://www.br.de/radio/bayern2/wissen/radiowissen/deutsch-und-literatur/novelle-deutsch-literatur-goethe100.html, Abruf: 27.3.2017

1. *Halten Sie die Informationen zur Textgattung „Novelle" in Form einer Mindmap fest. Finden Sie dafür zunächst übergeordnete Kategorien als „Äste" und ordnen Sie die Einzelinformationen diesen zu.*
2. *Zeigen Sie an dem Text „Das Haus in der Dorotheenstraße", dass es sich um eine Novelle handelt.*

Best.-Nr. 022693

Alexandra Wölke: Topisches Modell der Psyche nach Freud

Spiegel-Titel: „Die Seele ist ein Eisberg"

Sigmund Freud (geb. 1856), Professor der Nervenheilkunde in Wien und Begründer der Psychoanalyse, stellte im Zusammenhang mit seiner Arbeit die Frage, was den Menschen in seinem Verhalten beeinflusst. Seine entscheidende Entdeckung ist die Rolle des sogenannten Unbewussten.

Um die menschliche Psyche genauer zu beschreiben, ging Freud zunächst mithilfe räumlicher Metaphern vor und benannte drei verschiedene „Orte": Das Bewusste, das Vorbewusste und das Unbewusste. Nach seiner Auffassung ist das Bewusstsein der Teil des Menschen, der auf unmittelbarer und sicherer Wahrnehmung fußt und von dem aus rationale, vernunftorientierte Reflexionsprozesse und Handlungen gesteuert werden. Auch die Fähigkeit, sich selbst aus den Augen der anderen wahrzunehmen, sei in diesem Teil des menschlichen Geistes angesiedelt. Bewusste Vorstellungen sowie das Erlernte und Gedachte seien jedoch nicht immer präsent, sondern könnten unter Umständen auch in einen Bereich gelangen, den Freud das „Vorbewusste" nennt. Hier seien Gedächtnisinhalte gespeichert, die deshalb als bewusstseinsfähig gelten könnten, weil sie durch bestimmte Anstrengungen wieder in den Bereich des Bewussten geholt, also erinnert werden könnten. Somit könne man nach Freud auch von latenten Inhalten sprechen. Von diesen zwei Orten unterscheide sich der dritte Ort, das sogenannte „Unbewusste", das die Persönlichkeit des Menschen sehr viel mehr beeinflusse als das Bewusstsein. Um die Anteile zwischen bewussten und unbewussten Inhalten zu verdeutlichen, wurde mit Rückgriff auf Freud später auch die Metapher von einem Eisberg, bei dem sich der größere Teil unter der Oberfläche befindet, verwendet. Im Unbewussten herrschten Inhalte und Kräfte von ganz anderer Art, die dem Bewusstsein nicht ohne Weiteres zugänglich seien, weil sie verdrängt und damit von der übrigen Psyche abgespalten worden seien. Es handele sich dabei zum Beispiel um (sexuelle oder aggressive) Triebkräfte, die, etwa weil sie gängigen Moralvorstellungen widersprächen, nicht in das Bewusstsein gelangten, weil innere Widerstände (Freud spricht hier, von einem inneren „Zensor") dies verhinderten. Inhalte, die hier vorherrschten – Wünsche, Reste von Instinkten, archetypische[1] Überlieferungen, Erinnerungen – hätten zudem auch eine eher bildliche und nichtsprachliche Form. Die Macht, die das Unbewusste auf den Menschen ausübe, zeige sich nur verschlüsselt, etwa in seinen Träumen oder in Fehlleistungen. Um psychisch erkrankten Personen zu helfen, sei es in vielen Fällen hilfreich, eine vorsichtige Annäherung an das Unbewusste anzustreben, um unbewusste Triebmuster integrieren und so das Leben wirklich an den Maßstäben der Vernunft orientieren zu können.

Originalbeitrag Alexandra Wölke

1. *Erläutern Sie das Strukturmodell der Psyche nach Freud unter Zuhilfenahme des „Spiegel"-Titels „Die Seele ist ein Eisberg" und der Abbildung.*

2. *Erarbeiten Sie anhand folgender Textstellen, welche Momente für die Ehe zwischen Gottfried Klausen und Xenia seit seinem Weggang nach London entscheidend sind. Notieren Sie dabei stichwortartig das Ereignis und die Reaktion des Ehemannes darauf.*
   a. S. 115–151; b. S. 152–244; c. S. 301–317

3. *Erklären Sie die Reaktionen Gottfried Klausens mithilfe des Modells von Freud, indem Sie folgende Fragen beantworten:*
   - *Was geschieht auf der bewussten Ebene?*
   - *Welche Gefühle, Impulse, Triebe ... etc. könnten Klausens Unbewusstes beherrschen?*

4. *Greifen Sie die Eisberg-Metapher auf und konkretisieren Sie sie im Hinblick auf Klausen, indem Sie den oberen und unteren Teil des Eisbergs mit Inhalten füllen.*

[1] Archetyp: „Urbild", d. h. ein Symbol aus der Psyche, das das menschliche Verhalten und das Bewusstsein beeinflusst und sich z. B. in Träumen äußert und auch in Texten wie Märchen vorkommt

Best.-Nr. 022693

Wahrnehmung und Wirklichkeit – Versuch einer Verhältnisbestimmung

Wahrnehmung (Lexikondefinition)

Mentaler Prozess, bei dem ein Individuum sensorische Reize (Sinnesreize) aufnimmt, verarbeitet und in Erfahrungen oder ein bedeutungsvolles und komplexes Bild von einem bestimmten Gegenstand oder einer Handlung integriert. Wahrnehmung umfasst die Phasen der Informationsverarbeitung: Kontakt, Beachtung und Verständnis.

Die Wahrnehmung ist ein kognitiver Prozess der menschlichen Informationsverarbeitung (Informationsverarbeitungssystem). Die Wahrnehmung ist zunächst ein Vorgang der Informationsgewinnung, und zwar von Umweltreizen (äußere Wahrnehmung) und von Innen- bzw. Körperreizen (innere Wahrnehmung). Die äußere Wahrnehmung erfolgt primär durch bewusste Informationsaufnahme. Daneben aber werden auch Reize unterhalb einer Wahrnehmungsschwelle aufgenommen; man spricht dann von unterschwelliger Wahrnehmung [...].

Der Wahrnehmungsprozess geht über die reine Informationsaufnahme hinaus, indem die aufgenommenen Reize entschlüsselt und mit anderen Informationen zu einem komplexen inneren Bild zusammengesetzt werden [...]. Die Wahrnehmung ist dabei ein subjektiver, selektiver und aktiver Vorgang [...].

Quelle: http://www.wirtschaftslexikon24.com/d/wahrnehmung/wahrnehmung.htm, Abruf: 27.3.2017

„Tatsachen gibt es nicht, nur Interpretationen."
(Friedrich Nietzsche, 1844 – 1900)

„Träumend plant der Geist seine eigene Wirklichkeit."
(Søren Kierkegaard, 1813 – 1855)

„Wir nehmen nicht die Wirklichkeit wahr, sondern nur das Bild, das wir uns von der Wirklichkeit machen."
(Hermann Meyer, 1871 – 1932)

„Nicht, was die Dinge wirklich sind, sondern was sie für uns in unserer Auffassung sind, macht uns glücklich oder unglücklich."
(Arthur Schopenhauer, 1788 – 1860)

1. *Erläutern Sie die Zitate von Nietzsche, Kierkegaard, Meyer und Schopenhauer unter Zuhilfenahme des Lexikonartikels.*
2. *Stellen Sie einen Bezug zur Novelle her, indem Sie Hypothesen darüber aufstellen, was Gottfried Klausen wahrnimmt und wodurch dieser Vorgang gesteuert wird.*

Best.-Nr. 022693

Wahrnehmungen von London – Ein Experiment

Best.-Nr. 022693

Die Othello-Figur im Blick des Schriftstellers Hartmut Lange und in bildlichen Darstellungen

Hartmut Lange über Othello

„Othello liebt seine Desdemona eifersuchtslos. Er ist außerstande, sich über jenen Verdacht, den Jago ihm eingegeben hat, Klarheit zu verschaffen. Ja, er wünscht die Unklarheit, da er nun seine Zuneigung, die schon als Normalität sein Gemüt erregt, bis zur Selbstzerstörung genießen kann. Und hier beginnt der freie Fall. Das stolze, starke Individuum wählt eher den Tod als die Ernüchterung. Ihm ist die vom Verdacht gereinigte Leidenschaft keine Leidenschaft mehr. Othello erhält sich die Liebe zu Desdemona, indem er die behauptete Treuelosigkeit hinzuaddiert und die dadurch entstandene Unvereinbarkeit bis zum Exzess steigert."

URL: Lange, Hartmut: Meine Realitätserfahrung als Schriftsteller. In: Paderborner Universitätsreden. Hg.v. Peter Freese. Paderborn, 1997, S. 23

Othello und Jago begegnen Desdemona vor dem Schloss. Illustration zu Akt 3, Szene 3. Radierung von Robert Dudley

Othello und Desdemona in Venedig. Gemälde von Theodore Chasseriau

Kapar Medetbekov als Othello

Othello am Lager der schlafenden Desdemona. Holzstich nach einer Zeichnung von John Gilbert

1. *Erschließen Sie aus den bildlichen Darstellungen Eigenschaften des Shakespeare'schen Protagonisten „Othello".*
2. *Stellen Sie anhand der Aussagen Langes heraus, warum Othello für ihn eine Figur ist, die eine „durch nichts zu determinierende Subjektivität" verkörpert.*
3. *Formulieren Sie Ansätze für einen Vergleich zwischen Othello und Gottfried Klausen.*

Best.-Nr. 022693

Zur Biografie und Poetologie Hartmut Langes

Hartmut Lange wurde am 31.3.1937 in Berlin geboren. Als er zwei Jahre alt war, siedelte man die Familie zwangsweise nach Polen um. Sieben Jahre später kehrte Hartmut Lange mit seiner Mutter nach Berlin zurück.
Schon als Kind unterhielt Lange seine Umgebung mit spannenden Geschichten, als Jugendlicher schrieb er Gedichte und später Romane und Dramen. Das Schreiben wurde ihm zu einer existenziellen Notwendigkeit.

„Ist der Schriftsteller nicht ein Triebtäter, der von der Welt, in der er sich befindet, abgelöst bleiben muss? Meine Autonomie ist meine Selbstbezogenheit, das heißt, ich schreibe nicht, um anderen zu gefallen oder berühmt zu werden oder Geld zu verdienen."[1]

„Der Schriftsteller erfasst die tatsächliche Welt nur über den Umweg einer hinzugedichteten Metamorphose[2]. Es ist immer das Erfundene, die poetische Metapher, genauer: das Brennglas des Subjektiven, das das Objektive mit aufscheinen lässt."

Nach dem Abgang aus der Oberschule verdingte er sich mit Gelegenheitsarbeiten und studierte dann, in den Jahren 1957 – 1960, Dramaturgie, bis er wegen „Renitenz"[3] von der Hochschule gewiesen wurde.
Seine ersten Texte, die er in seiner Zeit als Dramaturg am Deutschen Theater in Ostberlin verfasste, waren Dramen, deren Themen und Ausdrucksweise von seiner damaligen Weltsicht, dem Marxismus, geprägt waren. Sie spiegeln Langes ursprüngliche geschichtsphilosophische Gewissheit und ein schriftstellerisches Selbstbewusstsein jenseits von Zweifeln. Mit seiner Komödie „Marski" und dem Stück „Senftenberger Erzählungen" galt er als eine der großen Hoffnungen des jungen DDR-Theaters.
Über seine damalige Weltanschauung schreibt Lange:

„Ich war sicher, dass hier ein neues, ein gerechteres Zeitalter mit den Mitteln der Diktatur des Proletariats herbeigezwungen werden sollte und dass es lediglich darauf ankam, die gesellschaftliche Realität auf die richtige, das heißt, auf marxistische Weise zu deuten."

„... meine Protagonisten waren Helden der Arbeit, und immer war es ein Bemühen, die gesellschaftlichen Veränderungen, die einem begrifflich nahegebracht worden waren, in ein poetisches Bild zu fassen. Dabei fühlte ich mich der politischen Avantgarde[4] zugehörig und partizipierte an einer Weltanschauung, die zuversichtlich und überlegen stimmte, weil sie wissenschaftlich begründet und damit unangreifbar war."

Der XX. Parteitag der KPdSU[5], auf dem die Verbrechen Stalins[6] enthüllt wurden, bedeutete für Lange eine Irritation seiner Weltanschauung. Er begann, kritische Lektüre heimlich zu lesen, und verfasste mit „Hundsprozeß" 1964 ein Theaterstück, das eine Abrechnung mit dem Stalinismus darstellte und das er aufgrund der darin enthalte-

1 Alle Zitate stammen aus: Lange, Hartmut: Meine Realitätserfahrung als Schriftsteller. In: Paderborner Universitätsreden. Hg. v. Peter Freese. Paderborn 1997
2 Metamorphose: Umgestaltung, Verwandlung
3 Renitenz: Aufsässigkeit, Widerspenstigkeit
4 Avantgarde: Gruppe von Vorkämpfern einer geistigen Entwicklung
5 KPdSU: Kommunistische Partei in Sowjetrussland und der Sowjetunion, gegründet 1918, welche nach dem Zweiten Weltkrieg und der Teilung Deutschlands auch bei der politischen Gestaltung der Deutschen Demokratischen Republik (DDR) maßgeblich war
6 Die Verbrechen Stalins: Stalin errichtete, zunächst als Generalsekretär der KPdSU, ein totalitäres Regime mit ihm als Diktator an der Spitze. Erst spät wurde weltweit bekannt, dass er im Rahmen politischer „Säuberungen" mehrere Millionen vermeintliche oder tatsächliche Gegner verhaften und anschließend hinrichten oder in Gulag-Strafarbeitslager deportieren ließ.

Best.-Nr. 022693

nen „Parteifeindlichkeit" niemandem zu zeigen wagte.
Im Jahre 1965 verließ er schließlich über Jugoslawien die DDR und setzte sich anschließend nach Westberlin ab, wo er seither als freier Schriftsteller, Dramaturg, Übersetzer und Regisseur lebt.
Inhaltlich verschob sich das Interesse des einst „linken" Dramaturgen in der Nachfolge Brechts hin zu mehr existenzielleren, psychologischen Themen. Dieser Bewusstseinswandel, weg von einer „begrifflich und theoretisch gesteuerten Weltaneignung" hin zu einer „nihilistischen Verzweiflung" (S. Kleinschmidt), führte durch eine tiefe Krise. Insbesondere ein biografisches Moment, und zwar die Aufführung des Theaterstücks „Die Riesen vom Berge" (Pirandello), wurde für Lange zu einer „Offenbarung":

„Hier war Kunst nicht Widerspiegelung gesellschaftlicher Verhältnisse, sondern Ausdruck subjektiver Befindlichkeiten. Hier wurde der Einzelne nicht von Sozialdeterminanten[7] bestimmt, sondern von seiner privaten Leidenschaft. Und der Wahrheitsgrund des Menschen überschritt die Grenze der Transzendenz. [...] Die Prämissen meiner Poetik begannen sich zu ändern."

Lange fühlte sich in dieser Zeit, etwa von Mitte der Siebziger- bis Anfang der Achtzigerjahre, außerstande, etwas zu schreiben.

„Irgendwie wurde mir klar, dass es Simulationen waren, mit denen ich mich beschäftigte. Mein Subjekt wurde mit Bildern der Außenwelt ausgefüllt, die ich begrifflich ordnete. Dies war sozusagen meine ganze Welt- und Subjekterfahrung. Ohne diesen Hegel'schen[8] Mechanismus, das heißt, ohne dass mir ständig Anschauungsmaterial zu dem Zweck der Begriffsbildung zugeführt wurde, ohne diese schematische Subjekt-Objekt-Beziehung würde mein Subjekt unausgefüllt bleiben. ‚Und was machst du dann?', dachte ich. Diese Frage, die ich der Einfachheit halber ‚mein Pascal'sches[9] Erschrecken' nennen möchte, wurde ich nicht mehr los."

Es gelang Lange, die Krise ins Schöpferische zu überführen. Die philosophisch-weltanschauliche Wende führte zu neuen Ausdrucksformen, weg vom Schauspiel und hin zu einer Prosa, die den Versuch macht, sich dem Subjektiven als einer anderen, nicht begrifflich gefassten Form menschlicher Wahrheit anzunähern.

1. *Erläutern Sie das Selbstverständnis Hartmut Langes als Schriftsteller und beschreiben Sie, welche Phasen er in seinem literarischen Wirken durchlaufen hat.*
2. *Stellen Sie einen Bezug zwischen der Poetik des „späten" Lange und der Novelle „Das Haus in der Dorotheenstraße" her.*

[7] Sozialdeterminanten: soziale Begrenzungen bzw. bestimmende Faktoren, die das Sein des Menschen bestimmen
[8] Georg Friedrich Wilhelm Hegel (1770–1831), deutscher Philosoph und wichtigster Vertreter des dt. Idealismus, vertrat den Anspruch in der Philosophie, die gesamte Welt in ihren vielfältigen Erscheinungsformen einschließlich ihrer geschichtlichen Entwicklung zusammenhängend und systematisch deuten zu können.
[9] Blaise Pascal (1623–1662), Religionsphilosoph. Er widersprach in seiner Schrift „Gedanken zur Religion" einem naturwissenschaftlichen Optimismus und folgerte aus den physikalischen und astronomischen Erkenntnissen das Erschrecken der Seele über die menschliche Verlorenheit. Dieses beinhaltet auch die Erkenntnis von der Unzulänglichkeit und den Grenzen menschlicher Vernunft.

Best.-Nr. 022693

Eine Stimme aus der Rezeptionsgeschichte

Sebastian Kleinschmidt: Gewissheit der Ungewissheit. Hartmut Langes Poetik der Irritation (Auszug)

Das Bewusstsein eines Schriftstellers ist wie ein Prisma, das die Strahlen der Welt in Gattungen bricht. Liegt die Wahl der Gattung in der Freiheit des Autors? Hartmut Lange, Schriftsteller seit vierzig Jahren, ist der Öffentlichkeit seit zwei Jahrzehnten als Erzähler bekannt, als Verfasser von Novellen, deren Thema – wenn es erlaubt ist, hier von Thema zu sprechen – die Irritation des Bewusstseins ist. Das klingt harmlos oder beinahe wie eine Skurrilität. Doch das Bewusstsein ist das Zentrum des Menschen. Es bestimmt ganz und gar die Art seines In-der-Welt-Seins. Es ist eine Instanz, die das Außen beobachtet und interpretiert, aber auch das Innen. Man trägt nicht nur einen in sich, der sich freut, sondern auch einen, der sich über die Freude freut, sagt Jünger. Der Mensch hat ein Bewusstsein und ein Bewusstsein von diesem Bewusstsein. Irritationen des Organs zeitigen Folgen, wie keine Fantasie der Welt sie vorhersehen könnte.

Von solchen Unvorhersehbarkeiten handeln Hartmut Langes Novellen. Nicht selten muten seine Figuren uns an wie vom Nebel durchnässte Passagiere auf Geisterschiffen, deren Reise ins Ungewisse führt. Wer immer sie sind und was immer sie tun, früher oder später werden sie plötzlich und wie aus dem Nichts heraus von einer Unruhe erfasst, als wären sie selber zum Gehäuse der nie ablaufenden Uhr der Metaphysik[1] geworden.

Es liegt in der Natur von Irritationen, dass sie nicht am Anfang oder am Ende, sondern in der Mitte von Bewusstseinsreisen aufkommen. So bilden sie Zwischenreiche, Intermundien[2], transreale Eigenwelten. Niemand ruft sie, niemand schickt sie, und doch stellen sie sich ein. Meistens dann, wenn das Haus der Gewissheit, in dem wir uns eingerichtet haben, verlassen werden muss, und zwar ohne dass wir wissen warum. [...]

Was an Hartmut Lange besonders auffällt, ist die Musikalität der Syntax. Es scheint, als würden die thematischen Motive auch musiziert. Mit der Transzendenz[3] verhält es sich ebenso. Hartmut Lange zelebriert sie als vibrierenden Kontext, minimalistisch, als winzige Irritation, als Unwirklichwerden der Wirklichkeit. Eine anwesende Abwesenheit, die nicht dingfest zu machen ist. Und doch wird in schöner Unumwundenheit davon erzählt, sachlich, schmucklos, in straffem Tempo und ganz und gar beiläufig. Das Wort dringt manchmal bis zum Unaussprechbaren vor, zum Unergründlichen und Undarstellbaren. Der Reiz liegt in der Paradoxie von nüchterner Sprache und mystischer Erfahrung. Und hier zeigt sich auch die Modernität dieses Autors und das Aufstörende seiner Poetik. Sie passt sich der Welt nicht an, sondern erweitert sie. Hartmut Langes Novellen suchen dem rationalistischen Austrocknen von Bewusstseinsdimensionen entgegenzuwirken. Er weiß, je weniger Stockwerke das Bewusstseinshaus, aus dem wir die Welt betrachten, hat, desto weniger Stockwerke hat auch die Welt. Man muss die Vertikale aktivieren, um mehr zu sehen als nur die Flächigkeit des Daseins. Lange gibt das staunenswerte Beispiel eines Nihilisten[4], der ein positiver Phänomenologe[5] ist. Denn wer die Fülle der Erscheinungen bereichert, und sei es um die Darstellung des Nichts, beschenkt die Welt. Von der besonderen Art dieses Nihilismus will ich nicht reden, Lange benutzt gern die Formel: Im freien Fall zur Ruhe kommen. Also der Versuch, im Ungeborgenen zu wohnen. Im Gespräch mit Friedrich Schorlemmer[6] sagte er:

„Nachdem der Marxismus für mich hoffnungslos entzaubert war, flüchtete ich in eine Religiosität aus Verzweiflung, und aus dieser Verzweiflung kann eine neue Art von Solidarität entstehen. Wenn ich merke, der andere ist existenziell in der gleichen Not wie ich, dann kann ich mich an ihm festhalten und sagen, mir geht es nicht besser als dir. Das tröstet. Es ist ein po-

---

1 Metaphysik: philosophische Disziplin, die das hinter der sinnlich erfahrbaren Welt Liegende, d. h. die letzten Gründe und Zusammenhänge des Seins behandelt

2 Intermundien: Zwischenwelten, d. h. Räume zwischen den verschiedenen Welten, in welchen nach Lehre des Philosophen Epikuros die unsterblichen Götter leben

3 Transzendenz: das, was das Weltliche und Gegenständliche und das vom Menschen Erfahrbare „übersteigt" (d. h. das Übersinnliche/Überweltliche)

4 Nihilismus: eine Weltsicht, die jede Möglichkeit einer objektiven Seins-, Selbst-, Wert- und Gesellschaftsordnung verneint und dabei die Sinnlosigkeit des Seins postuliert

5 Phänomenologie: die Lehre von den Erscheinungen und erkenntnistheoretisches Programm; ein Phänomenologe ist demnach jemand, der den menschlichen Erkenntnis- und Verstehensprozess bei der Wahrnehmung und Deutung der Wirklichkeit beschreibt bzw. darstellt.

6 Friedrich Schorlemmer: deutscher evangelischer Theologe und Bürgerrechtler

Best.-Nr. 022693

sitiver Nihilismus, in dem Verzweiflung und Trost einen Pakt eingehen."
Wenn man sagt, Leben sei die Art und Weise, wie man lernt, dann kann man sagen, Hartmut Lange hat auf zweierlei Weise gelernt: durch Abbrüche und durch Umbrüche. Abbrüche von Lebenswegen und Umbrüche von Denkwegen. Vom rationalistischen Lustprinzip, der Begriffsdressur marxistischer Weltauslegung, hat er sich in einem langwierigen, stoßweisen Konversionsprozess[7] gelöst. Es war eine schwer errungene Transformation. [...] Langes Bewusstseinswandel war nicht Resignation, sondern am Ende die Eroberung einer ganz neuen Welt. Oder Resignation in dem Sinne, wie sie Nicolas Gomez Dávila[8] für notwendig hält: „Die Funktion der Revolutionen ist es, die Illusionen zu zerstören, die sie verursachen." Resignieren heißt, so gesehen, entsiegeln, Vorzeichen wechseln. Und das hat Hartmut Lange getan, philosophisch und gattungspoetisch. Vom Rationalismus geschichtstheoretischer Gewissheit zur Melancholie der Ungewissheit. Und vom Dramatiker zum Epiker, vom Stückeschreiber zum Novellisten. Verwandlung, wahrhaft vollzogen, ist das Wesen des Schöpferischen. Langes Werk ist reich, und zwar reich durch diesen Wandel.

Aus: Kleinschmidt, Sebastian: Gewissheit der Ungewissheit. Hartmut Langes Poetik der Irritation. In: Der Dramatiker und Erzähler Hartmut Lange. Hg. v . Manfred Durzak. Würzburg: Königshausen und Neumann 2003, S. 30ff.

1. *Arbeiten Sie aus dem Text heraus, welche Besonderheiten der Prosa Hartmut Langes genannt werden, und überprüfen Sie an der Novelle „Das Haus in der Dorotheenstraße", inwiefern sich diese hieran bestätigen lassen.*

7 Konversion: Umkehr/Umwendung (traditionell gebraucht im Hinblick auf eine Glaubensgemeinschaft)
8 Nicolas Gomez Dávila: kolumbianischer Philosoph

Best.-Nr. 022693

1 Übersicht zum Erzählen

Ein besonderes Kennzeichen **erzählender Texte** ist, dass in ihnen in der Regel eine **in der Zeit fortschreitende Handlung** dargestellt wird. Dies geschieht durch einen Erzähler, der für den Leser mehr oder weniger deutlich erkennbar ist.

Autor – Erzähler	Vom **Autor** eines Erzähltextes unterscheidet man den **Erzähler**, der als vermittelnde Instanz zwischen Autor und Leser tritt. Auch wenn der Erzähler Ähnlichkeiten mit dem Autor aufweisen kann, z. B. wenn autobiografische Erfahrungen verarbeitet werden, muss immer zwischen Autor und Erzähler **getrennt werden**.
Erzählform	Der Erzähler kann zwei Erzählformen verwenden, nämlich die **Ich-Erzählung** (der Erzähler tritt selbst in Erscheinung, spricht von sich und verwendet das Personalpronomen der 1. Person Singular) oder die **Er-/Sie-Erzählung** (der Erzähler berichtet über andere, er wählt in der Regel das Personalpronomen der 3. Person Singular). In seltenen Fällen benutzen Erzähler die **Du-Erzählform**.
Erzählperspektive und Erzählerstandort	Man unterscheidet hier die **Innen-** und die **Außensicht**. Der Erzähler kann sich auf das beschränken, was er als Beobachter von außen wahrnehmen kann (Außensicht); er kann aber auch in die Figuren hineinsehen und ihre Wahrnehmungen, Gedanken und Gefühle mitteilen – dann erzählt er aus der Innensicht der Figuren. Er vermittelt dem Leser so das Gefühl, unmittelbarer am Geschehen teilzuhaben. Der Erzähler kann konstant die Sichtweise einer Figur einnehmen, er kann aber auch zwischen den Sichtweisen verschiedener Figuren wechseln (**Mulitperspektivität**). Wichtig ist auch, welchen **Standort** der Erzähler zum erzählten Geschehen einnimmt. Er kann außerhalb der von ihm erzählten Welt stehen und als an der Handlung Unbeteiligter berichten. Er erzählt dann aus großer **Distanz**, hat zumeist den Überblick über die gesamte Handlung und kennt auch deren Vorgeschichte und Fortgang; man spricht in diesem Fall von einem **olympischen** oder **allwissenden Erzähler**. Der Erzähler kann aber auch Teil der von ihm erzählten Welt sein. Er ist dann sehr **nah am Geschehen** und hat in der Regel nur eine **eingeschränkte Perspektive** auf die Figuren und die Handlung. Wie wir das Erzählte wahrnehmen, hängt ganz wesentlich davon ab, wie Erzählperspektive und Erzählerstandort gewählt werden. Diese können innerhalb eines Textes wechseln.
Erzählverhalten	Man unterscheidet zwischen auktorialem, personalem und neutralem **Erzählverhalten**. Das Erzählverhalten kann innerhalb eines Textes wechseln. • Beim **auktorialen Erzählverhalten** tritt eine Erzählerfigur deutlich hervor, die das erzählte Geschehen arrangiert und kommentiert und sich dabei auch direkt an den Leser wenden kann. Der auktoriale Erzähler weiß in der Regel mehr als die handelnden Figuren, überblickt das Geschehen, kann die Figuren direkt charakterisieren und gibt dem Leser Hinweise auf Geschehnisse, die vor der erzählten Handlung liegen oder erst später ausgeführt werden. Der Erzählerstandort ist meistens der des allwissenden Erzählers. • Beim **personalen Erzählverhalten** beschränkt sich der Erzähler auf die Sicht einer oder mehrerer Figuren. Der Leser erlebt das Geschehen sowie die Wahrnehmungen, Gedanken und Gefühle der handelnden Figur(en) scheinbar unmittelbar aus deren Sicht. Der Erzähler tritt beim personalen Erzählverhalten weitgehend hinter die Figur(en) zurück. • Beim **neutralen Erzählverhalten** wird das Geschehen vom Erzähler wie von einem unbeteiligten Beobachter dargestellt. Er wird vom Leser in der Regel nicht bemerkt und konzentriert sich auf die äußerlich wahrnehmbaren Vorgänge.

Erzählhaltung	Der Erzähler kann dem von ihm erzählten Geschehen und den von ihm dargestellten Figuren **neutral** gegenüberstehen, er kann aber auch eine **wertende Einstellung** einnehmen. Sie kann zustimmend oder ablehnend, ironisierend, satirisch, kritisch oder humorvoll sein. Diese als Erzählhaltung bezeichnete wertende Einstellung des Erzählers darf nicht als Auffassung des Autors missverstanden werden, auch wenn sich die Auffassungen des Autors in ihr spiegeln können.
Zeitstruktur	Viele erzählende Texte sind gekennzeichnet von einer **chronologischen Abfolge** der Handlungsschritte. Die chronologische Ordnung des Geschehens kann der Erzähler aber durch **Rückwendungen** und **Vorausdeutungen** durchbrechen. Die Zeitspanne, die man braucht, um einen Text zu lesen, bezeichnet man als **Erzählzeit**; die **erzählte Zeit** dagegen ist die Zeitspanne, über die sich das erzählte Geschehen erstreckt. Man unterscheidet • zeitdehnendes Erzählen (Erzählzeit größer als erzählte Zeit), • zeitdeckendes Erzählen (Erzählzeit und erzählte Zeit gleich lang), • zeitraffendes Erzählen (erzählte Zeit größer als Erzählzeit, z. B. durch Aussparungen oder Zeitsprünge).
Raum	Der Raum ist in einem erzählenden Text zunächst der **Handlungsort**, an dem sich das Geschehen zuträgt. Dieser kann zur **Charakterisierug der Figuren** oder zur Ausgestaltung der **Atmosphäre** beitragen, aber auch **symbolische Bedeutung** haben.
Darbietungsformen	Der Erzähler kann das Geschehen auf verschiedene Weise darbieten; grundlegend ist hier zu unterscheiden zwischen dem **Erzählerbericht** und der **Figurenrede**. • In seinem **Erzählerbericht** kann der Erzähler **berichten**, **beschreiben** und **kommentieren/erörtern**. Diese Passagen sind als Äußerungen des Erzählers erkennbar. • Als **Figurenrede** bezeichnet man alle Äußerungen, die erkennbar einer Figur der Handlung zugeordnet werden können; hierzu gehören auch unausgesprochene Gedanken und Empfindungen einer Figur. Die Figurenrede lässt sich auf verschiedene Weise darstellen: – Oft tritt sie als **direkte** oder **indirekte Rede** auf, z. B. wenn ein **Dialog** dargestellt wird. Solche Passagen haben fast den Charakter einer Dramenszene, man spricht deshalb auch von **szenischer Darstellung**. – Auch die Wiedergabe der Gedanken einer Figur gehört zur Figurenrede. Der Erzähler kann durch den Einsatz eines **inneren Monologs** oder der **erlebten Rede** den Eindruck großer Unmittelbarkeit erreichen und weitgehend hinter die Figuren zurücktreten. Der **innere Monolog** steht in der 1. Person Singular Präsens (meistens Indikativ) und wird ohne Anführungszeichen dargeboten. Er gibt unmittelbar die Wahrnehmungen, Empfindungen, Überlegungen und Assoziationen einer Figur wieder. Der innere Monolog kann bis zum **Bewusstseinsstrom** (stream of consciousness) gesteigert werden, in dem zusammenhängende Gedankenführung und herkömmliche Satzstruktur weitgehend aufgelöst werden können. Die **erlebte Rede** unterscheidet sich vom inneren Monolog dadurch, dass sie in der 3. Person und in der Regel im Präteritum steht.

Martin Zurwehme, in: P.A.U.L. D Oberstufe, Paderborn 2013, S. 536 ff.

Best.-Nr. 022693

Zusammenfassung des Dramas „Othello, the Moor of Venice“ von W. Shakespeare

In William Shakespeares Tragödie „Othello“ wird der titelgebende Protagonist durch Intrigen seines Gegenspielers Jago zu Eifersucht und blindem Hass gegen die geliebte Desdemona getrieben. Die unschuldige Frau stirbt von Othellos Hand, bevor das üble Spiel aufgedeckt wird und Othello sich selbst tötet. Das Drama wurde 1604 in London unter dem Titel „Othello, the Moor of Venice“ uraufgeführt. Eine Textausgabe erschien erst 1622. Schauplätze sind Venedig (1. Akt) und Zypern (2. bis 5. Akt) im 16. Jahrhundert.

Der schwarze venezianische Feldherr Othello hat den Florentiner Michael Cassio bei einer Beförderung dem Fähnrich Jago vorgezogen und dieser will sich an Othello rächen. Unterdessen hat Othello heimlich die schöne Desdemona geheiratet, die zuvor den Venezianer Roderigo abgewiesen hatte. Desdemonas Vater wehrt sich vergeblich gegen die Verbindung mit Othello.

Der vom Dogen hochgeschätzte Othello wird mit seinem Gefolge nach Zypern abkommandiert, um einen Angriff der Türken abzuwehren. Desdemona folgt dem Geliebten in Begleitung Jagos, Roderigos und ihrer Kammerfrau Emilia, die mit Jago vermählt ist.

Die türkische Flotte fällt einem schweren Sturm zum Opfer und Othello lässt auf Zypern ein Fest vorbereiten, bei dem der Sieg über die Türken und zugleich seine Hochzeit mit Desdemona gefeiert werden sollen.

In der Hoffnung, Desdemona doch noch für sich gewinnen zu können, vertraut Roderigo Jago sein gesamtes Vermögen an und folgt dessen Plänen. Jago spinnt seine Intrige gegen Othello: Er redet Roderigo ein, dass Cassio und Desdemona ein Verhältnis hätten und er Roderigos Hilfe brauche, um die beiden zu überführen.

Jago und Roderigo gelingt es, Cassio bei Othello in Misskredit zu bringen, sodass dieser Cassio entlässt. Jago rät daraufhin Cassio, sich an Desdemona zu wenden, damit sie sich bei Othello für ihn einsetze. Desdemona bedrängt Othello heftig, dem ehemaligen Leutnant seinen Fehltritt nachzusehen.

Othello lässt sich von Jago einreden, dass sich hinter Desdemonas Fürsprache in Wahrheit ein Verhältnis zwischen ihr und Cassio verberge. Als der eifersüchtige Othello Beweise verlangt, kann Jago diese mithilfe seiner unwissenden Frau Emilia beibringen. Von Jago befeuert, steigert sich Othellos Eifersucht zu Hass. Er erteilt Jago den Auftrag, Cassio zu töten, während er selbst Desdemona vergiften will. Jago rät Othello, Desdemona zu erwürgen.

Desdemona ist sich keines Unrechts bewusst und auch Emilia verbürgt sich gegenüber Othello für die Treue ihrer Herrin. Unterdessen erkennt Roderigo die Aussichtslosigkeit seines Wartens auf Desdemona und bezichtigt Jago der Veruntreuung seines Vermögens. Jago kann Roderigo glauben machen, dass nur Cassio seinem Glück im Wege stehe, und ihn zum Mord an seinem Nebenbuhler anstiften. Cassio überlebt Roderigos Angriff, während dieser von Jago als angeblicher Meuchelmörder gerichtet und erstochen wird.

Othello hört nicht auf die Unschuldsbeteuerungen seiner Frau und ihr Flehen um Gnade. Er erwürgt sie und rechtfertigt sein Tun, indem er sich auf Jagos Zeugenaussage beruft. Es gelingt Emilia, die mörderische Intrige aufzudecken, bevor Jago sie hinterrücks ersticht. Als Othello die Situation durchschaut, stürzt er sich verzweifelt in sein Schwert. Cassio wird Befehlshaber in Zypern und der gefangene Jago dem Gouverneur überantwortet.

„Othello“ ist eines der meistgespielten Shakespeare-Stücke auf deutschen Bühnen. Bis in die heutige Zeit geht von den Themen des Dramas eine große Faszination aus: Liebe und Hass, Eifersucht und Intrigen, Fremdenhass und Gewalttaten beschäftigen seit jeher nicht nur Theaterbesucher.

Nathan Münnich: Othello – William Shakespeare – Inhaltsangabe
URL: https://www.inhaltsangabe.de/shakespeare/othello/, Aufruf: 27.3.2017

Klausurvorschläge

1. Der Rahmen der Novelle

- *Analysieren und vergleichen Sie den Anfang und den Schluss der Novelle (Z. 1 – 59; Z. 421 – 455) unter besonderer Berücksichtigung der sprachlich-erzählerischen Gestaltung und der dadurch erreichten Wirkung auf den Leser.*

2. Eine literarische Charakterisierung Gottfried Klausens

- *Verfassen Sie eine literarische Charakterisierung zur Hauptfigur der Novelle.*

3. Die Raumerfahrung Gottfried Klausens als Symptom seiner inneren Befindlichkeit

Textgrundlage:

Eva Banchelli: Die Landschaft der Melancholie: Raumdarstellung und Raummetaphorik bei Hartmut Lange (Auszug)

Seit Mitte der Siebzigerjahre hat Hartmut Lange zusammen mit seiner Absage an die Möglichkeit jeder sozialen und politischen Veränderung die Melancholie in den Mittelpunkt seiner Reflexion und seiner erzählerischen Praxis gestellt. Seitdem versteht sich sein Werk als ununterbrochene Erforschung der existenziellen Verzweiflung [...].

Melancholie wird jeweils als Schwermut, Angst, Depression oder Irrsinn vorgestellt, ihre unerschöpfliche Polymorphie[1] tritt von Text zu Text unter den Decknamen wie „Ermüdung“, „Irritation“, „Verzweiflung“ oder „Verstörtheit“ zutage. [...] Die erzählerische Behandlung dieser Thematik, die die späte Produktion Langes leitmotivisch beherrscht, lässt seine ästhetisch-poetologischen Grundpositionen hervortreten: Die Kunst soll das Geheimnis des Existenzphänomens nicht intellektuell erklären, sondern in all seiner finsteren Grundlosigkeit offenbaren und metaphorisch darstellen. Vergeblich sucht man in Langes Texten nach einer eindeutigen Definition der Melancholie. Eher gelangt man immer zur Erkenntnis ihrer Unergründlichkeit [...]. Vorstellung und Sprache stehen nicht mehr im Dienst einer Artikulation existenzieller Verunsicherung, sondern versuchen, Scheu zu wahren vor jenem Grundlosen, in dem die Transzendenz[2] sich offenbart. Immer wieder verraten Langes Aufzeichnungen und Aufsätze eine tiefe Sehnsucht nach einer Literatur der Diskretion und des Abstands, nach einer Sprache, die „den Schleier nicht lüftet“, Eindeutigkeit verweigert und sich im freien Spiel ihrer Assoziationen, Metaphern, Polysemien[3] als hermeneutisch[4] unausschöpflich erweist. [...]

In dieser Poetik des Verschweigens und des Anspielens, der programmatischen Metaphorisierung von Wirklichkeit kommt in Langes Werk dem Raum, und hauptsächlich der Landschaft, eine zentrale Bedeutung zu. [...] Das geheimnisvolle Wesen melancholischen Daseins offenbart sich für Lange immer und hauptsächlich durch ein tragisch verändertes Raumerlebnis [...]. Eine gegenseitige „Entrückung“ von Ich und Umwelt (Raum, Dingen, Menschen) kennzeichnet die Existenz dieses Menschen, der sich verloren fühlt in einer öden Unendlichkeit bzw. gefangen in einer bedrückenden, sinnlosen Enge. [...] Eine solche Wahrnehmungsentfremdung entstellt die vertrauten Konturen der Welt, verwischt Nähe und Ferne, Tiefe und Größe, löscht die Farben. [...] Über die ganze Umwelt streckt sich das Grau [...], die Farbe der Asche und des Nebels, der faden chromatischen[5] Undifferenziertheit und der langen Tage, die ziellos vergehen.

Aus: Banchelli, Eva: Die Landschaft der Melancholie: Raumdarstellung und Raummetaphorik bei Hartmut Lange, in: Der Dramatiker und Erzähler Hartmut Lange. Hg. v. Manfred Durzak. Würzburg: Königshausen und Neumann 2003, S. 165 ff.

---

1 Polymorphie: Vielgestaltigkeit
2 Transzendenz: ein (möglicher) Bereich, der menschliche Fassbarkeit übersteigt und auf etwas verweist, das jenseits des sinnlich Erfahrbaren oder durch Erfahrung Erschließbaren liegt
3 Polysemie: Mehrdeutigkeit in Bezug auf ein Wort
4 hermeneutisch: erklärend, auslegend
5 chromatische Undifferenziertheit: Gemeint ist hier eine Wahrnehmungsweise, bei welcher Farben bzw. die Buntheit nicht komplex aufgenommen wird.

1. *Analysieren Sie den vorliegenden Text von Eva Banchelli. (32 Pkt.)*
2. *Überprüfen Sie die Richtigkeit der Aussagen anhand einer Deutung mehrerer selbst gewählter Textpassagen aus der Novelle „Das Haus in der Dorotheenstraße“, welche die räumliche Wahrnehmung Gottfried Klausens zum Inhalt haben. (40 Pkt.)*

Best.-Nr. 022693

Bewertungsbogen zu Klausurvorschlag 3: Die Raumerfahrung Gottfried Klausens als Symptom seiner inneren Befindlichkeit

1. Verstehensleistung

Teilaufgabe 1 **Die Schülerin/der Schüler**	**max. Punktzahl**	**erreichte Punkte**
formuliert eine **funktionalisierte Einleitung**: • Angaben zur Autorin, Textgattung (literaturwissenschaftlicher Beitrag) und Erscheinungsjahr und Thematik, etwa: Raumdarstellung in den Texten Hartmut Langes als Ausdrucksmöglichkeit einer begrifflich nicht fassbaren Melancholie	5	
formuliert eine **gegliederte Inhaltsübersicht**, etwa: • 1. Sinnabschnitt: Melancholie als beherrschendes Thema des erzählerischen Werks Langes, das begrifflich und intellektuell nicht erfasst werden kann • 2. Sinnabschnitt: Raumdarstellung und -metaphorik als narrative Ausdrucksform eines seelischen Zustands	5	
entfaltet im Hauptteil die **Aussagen des Textes**, etwa: • Abwendung Langes von der einstigen Zuversicht, Dinge in sozialer und politischer Hinsicht ändern zu können als Wendepunkt; Hinwendung zur Thematik der existenziellen Verzweiflung • Melancholie als Leitmotiv, das in vielfältigen Erscheinungsformen auftritt, niemals aber sprachlich festgelegt oder intellektuell „erklärt“ werden soll • Prinzip: Scheu vor dem „Grundlosen“ (Z. 25), das das menschliche Fassungsvermögen übersteigt • Folgen für die Poetik: Verweigerung von Eindeutigkeit, Wahrung von Diskretion und Abstand, Poetik des „Verschweigens und Anspielens“ (Z. 33f.) • Explikation der eigenen Maximen an der Raumdarstellung, gekennzeichnet durch ein zunehmendes Auseinanderfallen von Ich und Umwelt	15	
fasst im Schlussteil wesentliche Aussagen **zusammen**, etwa: • zentrale Thesen: Melancholie als Leitmotiv Langes, das vor allem raumsemantisch entfaltet wird • Deutung des Titels: Andeutung der Metaphorik des Raumes, der in den Texten Langes zugleich eine Seelenlandschaft ist	7	
erfüllt ein weiteres aufgabenbezogenes Kriterium.	(5)	
Summe Teilaufgabe 1	32	

Teilaufgabe 2 **Die Schülerin/der Schüler**	**max. Punktzahl**	**erreichte Punkte**
formuliert eine **Hinführung bzw. gedankliche Überleitung** hin zum konkreten Text „Das Haus in der Dorotheenstraße“.	3	
wählt einen geeigneten Textabschnitt aus der Novelle aus und deutet ihn im Hinblick auf die Raumdarstellung, etwa: • Raumerfahrung in seinem Londoner Appartement nach dem Besuch der Tragödie „Othello“ (Kap. 2), hier Eindruck des Auseinanderfallens von eigentlich zusammengehörigen Welten als Symptom für die beginnende Verstörung/Irritation Klausens • Veränderung der Raumerfahrung durch den Vulkanausbruch; Darstellung einer Atmosphäre der Vorahnung/Bedrohung (Brandgeruch), des Stillstands auf dem eigentlich hektischen Flughafen sowie des in der Folge „verschlossen[en]“ (Z. 324) Himmels (Kap. 4, 5) als Symbol für die seelischen Vorgänge in Klausen (Abbruch der Kommunikation mit der Außenwelt, Isolation, eruptiver Ausbruch von unbekannten Impulsen)	30	

Best.-Nr. 022693

• Artikulation der veränderten Raumerfahrung in den journalistischen Texten Klausens, welcher ein Gefühl, „als hätten sich die Dinge zur Unkenntlichkeit entfernt" (Z. 384 f.), beschreibt und dafür Unverständnis der Umgebung erntet (Kap. 6) • Dringendes Gefühl Klausens, aus London, der „Gegend", mit der er „sich nicht anfreunden" (Z. 400 f.) könne und die ihn auf ihn selbst verweise, verlassen zu müssen (Kap. 6) • Andeutung eines möglichen Schlusses durch Darstellung zweier Optionen: Besuch des ausgebrochenen Grimsvötn und des „Aschefeld[s]" (Z. 517) als Symbol für eine zerstörte Seelenlandschaft; Ausblick auf eine mögliche Rückkehr Klausens zum Haus in der Dorotheenstraße und eine mögliche nächtliche Gewalttat, angedeutet durch die Licht- und Dunkelheitsmetaphorik		
formuliert im Schlussteil eine begründete eigene Position hinsichtlich einer Zustimmung oder Ablehnung der Thesen Banchellis: • Ziehen eines begründeten Fazits hinsichtlich der These Banchellis	7	
erfüllt ein weiteres aufgabenbezogenes Kriterium.	(5)	
Summe Teilaufgabe 2	**40**	
Summe Verstehensleistung	**72**	

2. Darstellungsleistung

Anforderungen **Die Schülerin/der Schüler**	**max. Punktzahl**	**erreichte Punkte**
strukturiert ihren/seinen Text kohärent, schlüssig, stringent und gedanklich klar: • angemessene Gewichtung der Teilaufgaben in der Durchführung • gegliederte und angemessen gewichtete Anlage der Arbeit • schlüssige Verbindung der einzelnen Arbeitsschritte • schlüssige gedankliche Verknüpfung von Sätzen	6	
formuliert unter Beachtung der fachsprachlichen und fachmethodischen Anforderungen: • Trennung von Handlungs- und Metaebene • begründeter Bezug von beschreibenden, deutenden und wertenden Aussagen • Verwendung von Fachtermini in sinnvollem Zusammenhang • Beachtung der Tempora • korrekte Redewiedergabe (Modalität)	6	
belegt Aussagen durch angemessenes und korrektes Zitieren: • sinnvoller Gebrauch von vollständigen oder gekürzten Zitaten in begründender Funktion	3	
drückt sich allgemeinsprachlich präzise, stilistisch sicher und begrifflich differenziert aus: • sachlich-distanzierte Schreibweise • Schriftsprachlichkeit • begrifflich abstrakte Ausdrucksfähigkeit	5	
formuliert lexikalisch und syntaktisch sicher, variabel und komplex (und zugleich klar)	5	
schreibt sprachlich richtig	3	
Summe Darstellungsleistung	**28**	

Bewertung:	max. Punktzahl	erreichte Punkte
Summe insgesamt (Verstehens- und Darstellungsleistung):	**100**	

Kommentar:

Die Arbeit wird mit der Note ____________ beurteilt.

Datum: ____________ Unterschrift: ____________

Bepunktung

Note	Punkte	erreichte Punktzahl
sehr gut plus	15	100 – 95
sehr gut	14	94 – 90
sehr gut minus	13	89 – 85
gut plus	12	84 – 80
gut	11	79 – 75
gut minus	10	74 – 70
befriedigend plus	9	69 – 65
befriedigend	8	64 – 60
befriedigend minus	7	59 – 55
ausreichend plus	6	54 – 50
ausreichend	5	49 – 45
ausreichend minus	4	44 – 39
mangelhaft plus	3	38 – 33
mangelhaft	2	32 – 27
mangelhaft minus	1	26 – 20
ungenügend	0	19 – 0

Best.-Nr. 022693

Hartmut Lange (geb. 1937): Das Haus in der Dorotheenstraße

Der Teltowkanal verläuft, wie gesagt, im Süden Berlins gute siebenunddreißig Kilometer von der Havel bis zur Spree, und er wirkt, da er etwas zu eng geraten ist, absolut schmucklos und besonders dort, wo er in östlicher Richtung die Ödnisse des Flachlands überwinden muss. Im Westen aber, wo er sich den Verwerfungen der Havelberge nähert, sind die Ufer, bevor der Kanal in den Griebnitzsee mündet, dicht bewaldet, und die wenigen Häuser, die unmittelbar am Wasser stehen, wirken auf idyllische Weise abseits und als gäbe es dorthin keinerlei Zugang. Aber in ihrer Nähe, wenn auch versteckt, verläuft die Dorotheenstraße, die direkt zu den Grundstücken am Kanalufer führt, und hier, in einer Villa, die von Buchen und Fichten umstanden war, wohnte das Ehepaar Klausen. Die beiden kannten sich aus der gemeinsamen Schulzeit, waren also, was ihre Eigenarten und Interessen betraf, über Jahre hinweg miteinander vertraut, und sie hatten mit dem Haus in der Dorotheenstraße etwas gefunden, das ihnen das Gefühl von Geborgenheit gab, so dass sie überlegten, ob es nicht vernünftig wäre, das Grundstück zu erwerben. Der Garten war verwildert, und die Fassaden hätte man erneuern müssen. Wo der Putz breitflächig abgebröckelt war, zeigten sich hässliche Ziegel, aber die Vorderfront, eine gewölbte Wand mit langgestreckten Fenstern, wirkte auf moderne Weise elegant, beinahe wie ein Musterbeispiel aus dem Art déco.

Zugegeben, dies fiel niemandem auf, weil die Villa sozusagen, bedenkt man die Verkehrsanbindung, im Abseits lag. Nach Kohlhasenbrück konnte man nur mit einem Auto gelangen oder mit dem Bus, der alle halbe Stunde über den Teltowkanal fuhr, um in einem enggehaltenen Halbkreis, der die Endstation bildete, zu wenden. Dahinter, in Richtung Norden, begann der Wald, und im Süden, wenn man auf der Nathanbrücke stand, sah man das überwucherte Kremnitzufer.

Gottfried Klausen war Korrespondent einer überregionalen Tageszeitung, und er nahm seinen Beruf sehr ernst. Was er zu berichten hatte, musste klar und nachvollziehbar sein, so dass er gezwungen war, gründlich zu recherchieren. Er hatte, das wusste man in der Redaktion zu schätzen, einen überaus präzisen Stil, und da er mehrere Sprachen beherrschte, schickte man ihn ins Ausland, etwa nach Rom oder Madrid, und irgendwann bat man ihn, die Vertretung in London zu übernehmen. Damit war er einverstanden, obwohl seine Frau erklärte, dass sie fürs Erste in Kohlhasenbrück, genauer, in dem Haus an der Dorotheenstraße, bleiben würde.

„Wir haben keine Eile", sagte Klausen. „Und falls es mir in London gefällt und wir eine passende Wohnung finden, kommst du einfach nach."

Man beratschlagte, wie man den Zustand der Trennung, der unmittelbar bevorstand, möglichst rasch beenden könnte. Klausen packte seinen Koffer, Xenia fuhr ihren Mann nach Schönefeld, und als sich die beiden in der Flughafenhalle umarmten, dauerte dies etwas länger als gewöhnlich.

2

Stunden später war Gottfried Klausen in seiner Londoner Wohnung, und es erübrigt sich zu beschreiben, wo genau er in der Stadt an der Themse untergekommen war. Vielleicht nur so viel: Man hatte ihm eine Zweizimmerwohnung zugewiesen. Er bestand aber darauf, dass er irgendwann, um mit seiner Frau zusammen zu sein, in ein größeres Apartment umziehen durfte, war auch bereit, einen Teil der Miete, wenn man es verlangte, selber zu zahlen. Aber zunächst blieb es bei dem Vorsatz, denn sechs Wochen später bewohnte Klausen immer noch die enge Wohnung, und dass er gezwungen war, seine Frau, wenn sie miteinander telefonierten, zu vertrösten, machte die Sache auch nicht besser.

Und dann dieses sprichwörtlich schlechte Wetter, das jetzt, Ende März, obwohl Klausen darauf vorbereitet war, seine Unzufriedenheit steigerte!

‚Vielleicht hätte ich doch nicht hierherkommen sollen', dachte er, als er auf einer Brücke stand und bemerkte, wie kalt ihm der Wind ins Gesicht blies und wie unmöglich es war, in dem Regen, der eingesetzt hatte, den Schirm aufzuspannen.

Meist ging er, wenn er fror, in ein nahegelegenes Restaurant, aß eine Kleinigkeit, dann saß er wieder vor seinem Rechner. Er tat seine Arbeit, und was er den Abend über notierte oder verbesserte und schließlich

zu einem Artikel erweiterte, war für seine Zeitung bestimmt. Es waren Kommentare, den Bereich der Wirtschaft betreffend, dafür war er zuständig, und es gab niemanden in der Redaktion, der so kenntnisreich und umfassend über die Interna der Londoner City zu berichten wusste. Es machte ihm Spaß, aber es war die übliche Routine, und was ihm diese Stadt ansonsten zu bieten hatte, erfuhr er erst, als er sich entschloss, in seiner Freizeit nicht immer nur auf der Brücke an der Themse zu stehen. Eines Tages besuchte Gottfried Klausen auf eine Empfehlung hin die berühmte Royal Shakespeare Company, und er staunte, wie ihm dort eine Welt vor Augen geführt wurde, die nicht irgendwelchen Fakten und deren Nachweisbarkeit, sondern ausschließlich der Willkür, der Unzuverlässigkeit des schönen Scheins geschuldet war.
Denn was man in *The Tragedy of Othello, the Moor of Venice* zu sehen bekam, wirkte, zumindest für Gottfried Klausen, vollkommen unglaubwürdig, und er staunte, dass ihm dort in bunten Kostümen und mit wilden, eindringlichen Gebärden ein Mann vorgeführt wurde, der vorgab, seine Frau bedingungslos zu lieben, und der sich trotzdem weigerte, die Untreue, die man ihr angedichtet hatte, auf vernünftige Weise zu hinterfragen.
‚Stattdessen bringt er sie lieber um, obwohl sie ihm unter Tränen ihre Unschuld versichert', dachte Gottfried Klausen, war aber, was die Leistung der Schauspieler betraf, beeindruckt.
In sein Apartment zurückgekehrt, wählte er Xenias Nummer, ließ es lange klingeln, denn er wusste, dass sie die Angewohnheit hatte, ihr Handy in der Handtasche liegen zu lassen.
‚Sie hört es nicht, wenn sie in einem anderen Zimmer ist', dachte Klausen und beschloss, obwohl es teurer war, Xenia über das Festnetz zu erreichen.
Aber auch dort meldete sich niemand. Also ging er erst einmal ins Bad, um es später nochmals zu versuchen, aber als er im Bett lag, war er zu müde, und er fand es unnötig, jetzt noch ein längeres Gespräch zu führen. Er, Klausen, hatte sich an die Verabredung gehalten, und falls Xenia etwas dazwischengekommen war …
‚Macht nichts', dachte er noch, dann, es war Viertel vor zwölf, hörte man ihn ruhig atmen.
Jeder kennt die Stimmung, die um einen Schlafenden entsteht. Es ist so etwas wie Fremdheit, und doch bleibt alles, wie es war: Da sind die Möbel, die, nachdem die Nachttischlampe nicht mehr brennt, ihre Schatten werfen, da ist das unverhangene Fenster, durch das genügend Licht fällt, um auch den kahlen Wänden ringsherum Konturen zu geben, und hinter dem Fenster beginnt das grenzenlose Draußen, das, da niemand es wahrnimmt, wie unerlöst, wie beziehungslos, wie eine Welt ohne Gegenüber wirkt, und selbst der Mond, der über den Dächern der Stadt aufsteigt, kann seine Schönheit nicht zur Geltung bringen. Und wenn nun der eben noch Schlafende aus irgendeinem Grund, vielleicht weil er unbequem lag oder schlecht geträumt hatte, sich plötzlich mit einem Seufzer aufrichtet und, mit beiden Händen Halt suchend, auf der Bettkante zu sitzen kommt, dann wäre es möglich, dass sich zwei Welten, die zusammengehören, für Augenblicke nicht mehr berühren.
‚Wo bin ich', dachte Gottfried Klausen, und: ‚Wie spät ist es', und: ‚Warum ruft Xenia nicht an.'

3

„Wir müssen uns um die gemeinsame Wohnung kümmern. Ich habe auch schon etwas in Aussicht", sagte Gottfried Klausen, als er am nächsten Morgen seinen Kaffee trank. „Es sind drei Zimmer in der Gower Street, hell und modern möbliert, überall mit Leder bezogene Stühle und Sessel, die Einbauküche ist etwas eng, aber mit allem Notwendigen ausgestattet, und das Schlafzimmer geht auf einen Balkon hinaus. Die Miete beträgt 3000 Pfund. Nicht zu teuer", sagte er, wies aber darauf hin, dass er den Mietvertrag in ein bis zwei Wochen unterschreiben müsse.
Xenia verhielt sich zögerlich. Sie bedauerte, dass sie gestern nicht miteinander hatten sprechen können, nannte aber keine Gründe, und als er ihr klarzumachen versuchte, wie schwierig es für ihn sei, in einer fremden Umgebung, in einer Stadt, an die er sich erst gewöhnen müsse, immer allein zu sein, stimmte sie zu. Man verabredete, dass sie so bald wie möglich nach London fliegen würde, um sich die Wohnung, die Klausen ausgesucht hatte, anzusehen, und am Sonntag darauf war es endlich so weit.
Der Londoner Flughafen Heathrow ist an Unübersichtlichkeit nicht zu übertreffen. Kaum vorstellbar die Anzahl der An- und Abflüge, die er täglich zu bewältigen hat, und immer wirken die breiten Hallen, die kein Ende zu nehmen scheinen, hoffnungslos überfüllt. Klausen starrte auf die Anzeigetafel, auf der die Ankunft der Berlinflüge zu lesen war, und er hatte noch eine Dreiviertelstunde Zeit, dann musste er am richtigen Ausgang stehen, um Xenia nicht zu verfehlen.
‚Sie hat nur ihr Handgepäck und muss nicht, wie die anderen, warten', dachte er und ließ sich von einem Angestellten erklären, wo genau das Gate lag, das er suchte.
Wenig später stand er am Tresen einer Cafeteria und bemühte sich, die Ansagen aus dem Lautsprecher zu verstehen. Sie schienen ihm, vielleicht weil er aufgeregt war, irgendwie übersteuert. Aber eines war klar: Das Flugzeug war gelandet, und als die ersten Passagiere die Zollkontrolle passierten, stand Klausen mit in dem Halbkreis der Wartenden, um seiner Frau, sowie er sie entdecken würde, zuzuwinken. Er hatte ei-

Best.-Nr. 022693

nen Veilchenstrauß in der Hand, und nach zwanzig Minuten stand er immer noch da.

‚Vielleicht dauert es länger, weil sie doch ihren Koffer mitgenommen hat', dachte er, und irgendwann, der Ausgang wurde geschlossen, in der Zollkabine erlosch das Licht, irgendwann zog er sein Handy hervor.

Er war ganz ruhig, überlegte noch, was er seiner Frau, falls sie in Schwierigkeiten war, hätte raten können. Zunächst wollte er wissen, wo sie sich befand.

„Was ist mit dir", sagte er.

Aber es war nicht Xenia, die ihm antwortete. Es war, wie er glaubte, eine Männerstimme, und was sie ihm zu sagen hatte, konnte Klausen, da er das Handy rasch wieder zuklappte, nicht verstehen.

Als er in seine Wohnung zurückfuhr, ließ er das Handy, obwohl es immer wieder klingelte, unbeachtet. Dabei hätte ein Blick auf das Display genügt, um herauszufinden, ob es Xenia war, die allen Grund hatte, ihm zu erklären, warum sie, obwohl man es fest verabredet hatte, nicht in Heathrow gelandet war. Und es war durchaus möglich, dass auf dem Flughafen, als er versucht hatte, sie zu erreichen, eine falsche Verbindung zustande gekommen war.

‚Das würde auch die Männerstimme erklären', dachte Gottfried Klausen und versuchte, einen Anflug von Gekränktheit loszuwerden. ‚Ich kann mich nicht beschweren', dachte er. ‚Und es wäre nur recht und billig, auch einmal auf Xenias Wünsche einzugehen. Ich weiß doch, wie ungern sie das Haus in der Dorotheenstraße unbeaufsichtigt lässt. Und ist es wirklich nötig', dachte Klausen, ‚dass wir hier, wer weiß, wann sie mich in eine andere Gegend schicken, eine teure Dreizimmerwohnung mieten?'

Auch fand er, dass es ihm zuzumuten war, und immer dann, wenn seine Arbeit es erlaubte, selber in ein Flugzeug zu steigen, um mit Xenia, und sei es auch nur übers Wochenende, zusammen zu sein, und als er im Treppenhaus stand, als die Verbindung mit Xenia, ‚endlich', dachte er, zustande gekommen war, war ihm die Entschuldigung, die sie vorbrachte, um ihr Verhalten zu erklären, schon unerheblich.

„Mach dir keine Sorgen", sagte Gottfried Klausen. „Es ist schließlich meine Schuld. Ich habe darauf bestanden, dass du nach London kommst. Und dir hat es eben nicht gepasst", sagte er und erklärte, dass er, koste es, was es wolle, eine dringende Arbeit liegen lassen würde, um möglichst bald nach Berlin zu fliegen, und wie wichtig es für ihn sei, endlich wieder einmal auf der Nathanbrücke zu stehen.

4

In den nächsten Wochen war Klausen damit beschäftigt, die anstehenden Kommentare und Berichte möglichst rasch zu erledigen. Er hoffte, sich dadurch die Zeit für einen längeren Aufenthalt in Kohlhasenbrück zu verschaffen, und nachdem er alles, was zur Veröffentlichung anstand, nochmals überprüft und korrigiert und der Sekretärin übergeben hatte, bat er um eine Woche Urlaub.

„Alles Nähere bespreche ich mit dem Chefredakteur in Berlin", erklärte er.

Das Flugticket hatte er bereits in der Tasche.

Am Abend vor seiner Abreise, er wollte diesmal auf das Taxi verzichten und mit dem Zug von Paddington nach Heathrow fahren, am Abend vor seiner Abreise hoffte er auf ein paar Stunden Schlaf. Er trank noch ein Glas Whisky, ging ins Bad, schloss das Fenster, weil es von draußen her roch. Als er ins Schlafzimmer ging, hier waren die Fenster, die er öffnete, wesentlich größer, ja hier spürte er so etwas wie Brandgeruch. Es war, wie ihm schien, nichts Gefährliches, nichts, das aus unmittelbarer Nachbarschaft kam. Die Sicht auf die Dächer war frei, auch der Horizont zeigte keinerlei Eintrübung, und doch beschloss Gottfried Klausen, alles wieder zu verriegeln, was ihm schwerfiel, weil er es gewohnt war, bei offenem Fenster zu schlafen.

Am nächsten Morgen blätterte er nochmals in seinem PC, sonderte die Korrespondenz, die sich erledigt hatte, aus, verstaute im Koffer die Geschenke, die er für Xenia gekauft hatte, und als er Paddington erreicht hatte, von hier aus waren es keine fünfzehn Minuten bis Heathrow, hörte er, wie jemand einem anderen etwas zurief, und Klausen wusste bereits, worüber die Leute redeten: In Island war ein Vulkan ausgebrochen, und man konnte noch nicht sagen, wohin der Wind die Aschewolke treiben würde, und solange dies nicht geklärt war, stand der Flugverkehr über England still.

Merkwürdig der Anblick der überfüllten Hallen, in denen sich, da alle warteten, kaum etwas bewegte. Es war, als wäre die Menge, die auf ihren Koffern, den Bänken, den Stühlen in den Cafés ausharrte, wie auf dem Sprung, jederzeit bereit, die Abfertigungshallen zu stürmen, und die Lautsprecher wirkten wie sinnlos, da man ständig das Gleiche zu hören bekam. Man bat um Geduld, verwies auf die ungewöhnlichen Umstände, die sich weit außerhalb, in tausend Meter Höhe, vollzogen, und als der Flug nach Berlin endgültig gestrichen wurde, war Klausen enttäuscht, hoffte aber darauf, dass es ihm, wenn nicht jetzt, so doch wenigstens im Laufe des Tages gelingen würde, auf einen anderen Flug umzubuchen. Dies wollte er Xenia, die sicher schon unterwegs war, um ihn abzuholen, mitteilen. Also wählte er ihre Nummer. Aber es war, wie vor Tagen schon, nicht Xenia, die ihm antwortete, es war eine Männerstimme, und was sie ihm zu sagen hatte, konnte Klausen, da er diesmal das Handy nicht zuklappte, deutlich verstehen. Genauer: Da war jemand, der wissen wollte, wer er war, und als

Klausen seinen Namen nannte und darauf bestand, mit seiner Frau zu sprechen, hörte er ein Flüstern, dann im Hintergrund ein unterdrücktes Lachen, und es war, daran bestand kein Zweifel, Xenia, die sich, worüber auch immer, zu amüsieren schien.
Danach herrschte Stille, in der Klausen hoffen durfte, dass er sich getäuscht hatte und dass Xenia sich, darum hatte er schließlich gebeten, doch noch melden würde. Aber nichts dergleichen geschah.

5

Der Ausbruch des Grimsvötn fiel gewaltiger aus als erwartet. Die Aschewolke stieg fast zwanzig Kilometer über dem Krater auf, und nun wartete man darauf, dass sie sich, wenn nur die Winde günstig waren, nach Nordwesten oder Süden über den Atlantik hinweg verziehen würde. In Island war die Asche überall, in England bemerkte man lediglich, dass der Himmel verschlossen war.
Das fiel auch Gottfried Klausen auf, der in seinem Büro am Fenster stand, und er wunderte sich darüber, dass er es überhaupt zur Kenntnis nahm. Er fühlte sich nach seiner Rückkehr vom Flughafen immer noch wie betäubt. Dabei wäre es naheliegend gewesen, sich, so oder so, Klarheit zu verschaffen. Aber er unterließ es, vielleicht, weil er fürchtete, der Vorgang könnte sich wiederholen.
‚Da war eine Männerstimme, und als ich mit meiner Frau sprechen wollte, hat sie gelacht. Womit ließe sich das erklären‘, dachte Gottfried Klausen.
War es tatsächlich so, dass Xenia jemandem erlaubt hatte, ihr Handy zu benutzen, jemandem, mit dem sie so vertraut war, dass es im Haus an der Dorotheenstraße hatte geschehen können? Und wer weiß, vielleicht waren die beiden, als Xenia über den Anruf ihres Mannes lachte, nicht etwa im Flur oder in der Küche, sondern im Schlafzimmer! Und war Klausens Ehe mit dieser Frau vielleicht schon seit Jahren derart verlogen, dass er ihre Untreue nicht bemerkt hatte?
Tage später saß Gottfried Klausen wieder im Theater, und wieder spielte man *The Tragedy of Othello, the Moor of Venice*.

It is the cause, it is the cause, my soul,
Let me not name it to you, you chaste stars!
It is the cause ... Put out the light.

Ja, wollte er sich das, und zum zweiten Mal, wirklich anhören? Wollte er, nur weil er ein Problem mit seiner Frau hatte, der Ermordung einer Wehrlosen zusehen und vielleicht am Ende auch noch Beifall klatschen, weil es einem Schauspieler gelungen war, ein derart wahnsinniges Unterfangen so überzeugend darzustellen?
„Nein“, flüsterte Gottfried Klausen, und spätestens gegen Ende des vierten Akts, an jener Stelle, an der klar wurde, wie geschmacklos es gewesen wäre, sitzen zu bleiben, erhob er sich, zwängte sich durch die voll besetzte Reihe, und an der Garderobe, nachdem er seinen Mantel entgegengenommen hatte, beschloss er, in einen Pub zu gehen, um alles, was ihm seit Kurzem zu schaffen machte, nochmals zu überdenken.

6

„Put out the light.“
Diese Aufforderung ging Klausen nicht mehr aus dem Kopf. Er begann, fahrig zu werden, stellte Fragen, die niemand beantworten konnte, oder gab Ratschläge, um die man ihn nicht gebeten hatte. Seiner Sekretärin diktierte er Texte, die er wieder zusammenstrich.
Und was auffiel: Er begann, schlampig zu recherchieren, ging auf die privaten Affären irgendwelcher Abgeordneter ein, und zuletzt interessierte er sich, obwohl er für die Belange der City zuständig war, nur noch für den Stimmungswechsel, der sich auf den Londoner Straßen um diese Jahreszeit vollzog.
Ob man schon einmal nach Einbruch der Dämmerung versucht hätte, die Umrisse des Big Ben zu erkennen, gab Gottfried Klausen zu bedenken. Oder ob man wüsste, wie sehr das Londoner Wetter die Umgebung verwischen würde, so dass man Mühe hätte, sich zu orientieren. Es sei ein Gefühl, als hätten sich die Dinge bis zur Unkenntlichkeit entfernt, schrieb Klausen, und es war vollkommen verständlich, dass man dergleichen in Berlin, auch wenn man Gottfried Klausen schätzte, nicht kommentarlos akzeptieren konnte.
„Was ist mit dir? Warum schickst du uns dieses Zeug?“, wollte der Chefredakteur wissen, nachdem er den Text zur Kenntnis genommen hatte.
„Ich muss weg von hier“, erklärte Klausen und in einem Ton, der merkwürdig entschlossen klang.
Das Telefongespräch dauerte länger als gewöhnlich. Zunächst erklärte Klausen, dass es ihm wegen des Vulkanausbruchs unmöglich gewesen sei, in den Urlaub zu fliegen.
„Und vielleicht ist es das, was mich in London umtreibt. Ich muss weg von hier“, fügte er hinzu. „Denn wenn man sich mit einer Gegend nicht anfreunden kann, wird man auf sich selbst verwiesen. Man lernt sich kennen, und man erlebt, das kann ich dir versichern, manch unangenehme Überraschung.“
Eine Weile noch war der Chefredakteur bemüht, ihm gute Ratschläge zu geben, etwa wie man sich an der Themse, dies wisse er aus eigener Erfahrung, auch bei Regen bestens amüsieren könne. Aber was immer er vorbrachte, wie sehr er sich auch bemühte, dem anderen die Vorzüge dieser Stadt schmackhaft zu machen, Gottfried Klausen bestand darauf, London, und zwar so schnell wie möglich, zu verlassen.

Best.-Nr. 022693

„Gut", sagte der Chefredakteur. „Ich will sehen, was sich machen lässt. Aber wo willst du hin?"

„Völlig gleichgültig", antwortete Klausen und schlug vor, erst einmal nach Island zu fahren, um den Grimsvötn, der Heathrow lahmgelegt hatte, in Augenschein zu nehmen. „Das muss ein Aschefeld sein, das alles unter sich begraben hat", sagte er und meinte, dass es sich lohnen würde, darüber eine Reportage zu schreiben.

Und das Haus in der Dorotheenstraße? War dies nicht der Ort, dem sich Klausen über Jahre hinweg und mit wachsender Zuneigung verbunden fühlte? Und hätte er nicht allen Grund gehabt, statt nach Island mit dem nächstbesten Flugzeug nach Berlin zu fliegen, genauer, nach Kohlhasenbrück, in jene Gegend, in der der Linienbus mit der Nummer 118 Mühe hatte, auf holpriger Straße zu wenden? Und war es überhaupt möglich, dass Gottfried Klausen, so wie sich die Verhältnisse nun einmal entwickelt hatten, dass er dort, als wäre nichts geschehen, wieder hätte auftauchen können, um wenigstens seine persönlichen Sachen zusammenzusuchen?

Was letztendlich geschah, wir wissen es nicht. Wir wissen nur, dass am Ufer des Teltowkanals, da es seit Langem ungewöhnlich warm war, die Kastanien zu blühen begannen und dass man, wenn man auf der Nathanbrücke stand, Mühe hatte, durch die Kronen der Bäume hindurch jenes Haus zu erkennen, das wie immer hell erleuchtet war. Wer sich darin auskannte, der wusste, dass im oberen Stockwerk das Schlafzimmer, zwei kleinere Räume und ein Bad lagen, im Erdgeschoss die Küche, daneben das Wohnzimmer mit dem Kamin. Hin und wieder hörte man ein Frauenlachen, und wer da lachte, der sollte sich nicht allzu sicher fühlen. Denn es war durchaus denkbar, dass irgendwann, nicht am Tage, sondern nachts, doch noch ein Auto vorfuhr und dass sich jemand auf den Eingang zubewegte. Er besaß einen Schlüssel, war hier zu Hause, hatte also alles Recht, das zu tun, was er für nötig befand:

„Put out the light!", rief er, und wenig später, nachdem er eingetreten war, man hörte noch eine Tür klappen, erloschen im Haus an der Dorotheenstraße die Lampen. Das Haus lag in völliger Dunkelheit.

Judith Hermann: Sommerhaus, später

1 Inhalt

In der Erzählung „Sommerhaus, später“ von Judith Hermann aus dem Jahre 1998 geht es um das Lebensgefühl von Menschen, die aufgrund von Gleichgültigkeit und Ängsten ihre Chancen auf Liebe und Heimat verpassen. Erzählt wird von einem Taxifahrer ohne festen Wohnsitz namens „Stein“ und seinem scheiternden Versuch, seine frühere Partnerin, die Ich-Erzählerin, von der Möglichkeit eines gemeinsamen Lebens in einem von ihm gekauften und renovierten Haus zu überzeugen. Das Geschehen wird aus dem subjektiven Erleben einer Erzählerin, die sich ihrer selbst und ihrer Beziehungen nicht sicher ist, berichtet. Dies hat zur Folge, dass der Leser den Eindruck gewinnt, dass er, weil der Text mehr verrät, als die Ich-Erzählerin weiß, dieser im Hinblick auf Verstehensprozesse überlegen ist.

Die Geschichte beginnt unvermittelt mit einem Anruf Steins bei der Ich-Erzählerin. Er berichtet ihr davon, nach langer Suche das Haus gefunden zu haben, von dem er während einer vergangenen dreiwöchigen Liaison immer schwärmend erzählt hat. Die Angesprochene, die beteuert, ihn und seine Zukunftsvisionen schon vergessen zu haben, reagiert wenig enthusiastisch, willigt aber in eine Fahrt zu dem Haus ein.

In Form von erinnernden Rückblicken wird die damalige Liebesgeschichte zwischen der Ich-Erzählerin und Stein, der nach einer gemeinsamen Taxifahrt mit wenigen Habseligkeiten bei ihr eingezogen ist, erzählt. Diese Liebesgeschichte hat im Empfinden der Ich-Erzählerin vor allem in gemeinsamen Taxifahrten, Musikhören und dem körperlichen Zusammensein bestanden, wodurch beim Leser der Eindruck von Flüchtigkeit und Unverbindlichkeit entsteht. Dass die Ich-Erzählerin eine Person ist, die vor festen Bindungen oder Verpflichtungen zurückschreckt, wird durch ihren Habitus und ihre Lebensweise untermauert: Es handelt sich bei ihr offenbar um eine Künstlerin oder Studentin, die in einem lockeren Verbund von gleichgesinnten Freunden in einer Art Bohème-Existenz, die von Antibürgerlichkeit, lockeren sexuellen Beziehungen, Drogenkonsum und eigenen künstlerischen Ausdrucksversuchen geprägt ist, lebt. Nachdem die kurze Liebesbeziehung durch die Ich-Erzählerin beendet worden ist, hat Stein in ähnlicher Weise mit anderen Frauen der Clique zusammengelebt und ist akzeptiert worden, ohne jedoch wesensmäßig ein Teil von dieser Gruppe zu werden. Dies hat seine Ursachen möglicherweise darin, dass Stein einen alternativen Lebensentwurf repräsentiert. Mit seiner Suche nach dem Haus, seiner Tatkraft bei dessen Renovierung und mit seinem geduldigen Werben um die Gunst der Ich-Erzählerin erweist er sich im Gegensatz zu den anderen als jemand, der entschlossen seinen Zielen nachgeht, anstatt in einer Art von „Dauer-Standby“[1], also einer Lebensweise des Aufschiebens und Ausweichens, der Distanzierung und der Gleichgültigkeit, zu verharren.

Als die beiden an dem Haus ankommen, präsentiert er es ihr als eine Möglichkeit des gemeinsamen Lebens, was auch die Anwesenheit der anderen Cliquenmitglieder und ein Festhalten an ihren Gewohnheiten nicht ausschließt. Die Ich-Erzählerin, offenbar gefangen zwischen Sehnsucht und Angst, reagiert zögerlich. Nach der Rückkehr erzählt sie niemandem von dem Haus, dessen Schlüssel sie besitzt, und kehrt in ihr eigenes Leben zurück, während Stein sich aus dem Leben der Clique zurückzieht und sich an die Renovierung des Hauses macht. Sein Werben um den gemeinsamen Lebensentwurf besteht in dem Schreiben von Postkarten, in welchen er den Fortgang der Arbeiten präsentiert und immer wieder unaufdringlich auf ihre Möglichkeit zu kommen hinweist. Die Ich-Erzählerin genießt diese Form der Zuwendungen, verhält sich jedoch völlig passiv.

---

1 Sander, Julia Catherine: Zuschauer des Lebens. Subjektivitätsentwürfe in der deutschsprachigen Gegenwartsliteratur. Bielefeld 2015, S. 84

Zuletzt bekommt die Ich-Erzählerin lediglich eine von Stein zugeschickte Zeitungsnotiz, in welcher von dem Brand und der Zerstörung des Hauses berichtet wird. Sie verbirgt diese letzte Nachricht zusammen mit dem Schlüsselbund und den anderen Postkarten in einer Schreibtischschublade. Ihr lakonischer Kommentar „später" zeigt, dass sie die Endgültigkeit und Irreversibilität der Entscheidung nicht begreift, sondern noch immer glaubt, sich die Option „Leben mit Stein" für eine unbestimmte Zukunft offenhalten zu können.

2 Personen

Die Ich-Erzählerin

Von den äußeren Lebensumständen der Ich-Erzählerin wird nur wenig erzählt. Ihre Aktivitäten und ihr Lebenswandel weisen aber auf eine noch junge Frau, wohnhaft in Berlin, hin, die Teil einer Clique von gleichgesinnten Studenten oder Künstlern verschiedener Richtungen von bildender Kunst, Literatur bis hin zur Musik ist. Wie ihre Freundinnen und Freunde gehören neben den öffentlichen Präsentationen der eigenen Kunsterzeugnisse das Feiern von Partys sowie der Drogen- und Alkoholkonsum zu ihrer Lebensweise. Allerdings scheint sie ihren antibürgerlichen Habitus einschließlich des „spitzfindigen, neurasthenischen, abgefuckten Blick[es]" (S. 99, Z. 135) wie eine Maske vor sich herzutragen, hinter der sich Wesensseiten verbergen, die ihr selbst nicht bewusst sind und die sie verdrängt. So kann der Leser beispielsweise anhand ihrer körpersprachlichen Signale erkennen, dass sie immer noch Gefühle für ihren damaligen Freund Stein hat, obwohl sie beteuert, ihn vergessen zu haben.
Typisch an ihr ist das Zögerliche, das sie an der Erfüllung ihrer unbewussten Sehnsüchte hindert und ihrem Dasein etwas Statisches verleiht. Das Wagnis, sich auf die im Sommerhaus repräsentierte „Möglichkeit" einzulassen, geht sie nicht ein und verpasst, wie der Leser mutmaßt, deshalb die Chance ihres Lebens. Die Maxime ihres Daseins scheint in dem Kommentar „später" zu liegen, in welchem die Tragik eines ungenutzt verstreichenden Lebens auf eine derart lakonische Weise aufscheint, dass dem Leser die Spannung zwischen existenzieller Bedrängnis und indifferentem Habitus nur paradox erscheinen kann.

Stein

Bei dem nur mit dem Nachnamen bezeichneten „Stein" handelt es sich um einen als „ziemlich schön" (S. 99, Z. 95) beschriebenen Taxifahrer ohne festen Wohnsitz, der eine kurze Liaison mit der Ich-Erzählerin eingeht, dadurch Eintritt in ihre Clique erhält und in dieser eine Zeit lang lebt, ohne jedoch tatsächlich jemals dazuzugehören.
Anders als die Cliquenmitglieder ist Stein eine Figur mit Entwicklungspotenzial und einer bestimmten Orientierung. Motor dafür ist sein Ziel, das in dem Sommerhaus Gestalt gewinnt und gleichermaßen auf Heimat, Liebe und eine fest konturierte Existenzweise und somit auf Vorstellungen, die sich teilweise symbolisch auch im Namen „Stein" widerspiegeln, verweist.[1] Anstatt um sich selbst zu kreisen, setzt er materiell und psychisch alles zur Erreichung dieses Zieles ein: Er investiert viel Geld für den Kauf eines im Verfall begriffenen Gutshauses, lädt die Ich-Erzählerin dorthin ein, um ihr die Möglichkeit einer gemeinsamen Existenz anzubieten, und renoviert trotz ihrer reservierten Reaktion das Haus. Dabei zeigt er sich sogar offen für ein Wohnprojekt, das die Anwesenheit der anderen Cliquenmitglieder einschließt. Als er nach langem, zaghaftem Werben um die Ich-Erzählerin in Form von Nachrichten auf Postkarten schließlich genug hat, entscheidet er sich ebenso entschlossen wie vorher für den Kauf nun für die Zerstörung der Möglichkeit eines Zusammenlebens mit der

[1] Vgl. hierzu: Meise, Helga: „Ist die Liebe etwa ein Gefühl?" Judith Hermanns *Sommerhaus, später* und Julia Francks *Mir nichts, dir nichts*. In: Liebe in der deutschsprachigen Literatur nach 1945. Hg. v. Karl Heinz Götze und Katja Wimmer. Frankfurt a. M. 2010, S. 257 f.

Ich-Erzählerin. Der Leser darf zu Recht mutmaßen, dass er das Haus selbst angezündet und sich dann nach Stralsund abgesetzt hat.

3 Erste Deutungsansätze

Die Erzählung von Judith Hermann beginnt unvermittelt mit der Schilderung eines Telefonanrufs von Stein, welcher stattfindet, nachdem sich das einstige Paar bereits getrennt hat. Entsprechend knapp und nüchtern verläuft das Gespräch, in welchem es um das Entdecken des Hauses, von welchem Stein offenbar schon sehr lange geträumt hat, geht.
Durch die Ich-Erzählform erhält der Leser auch in sprachlicher Hinsicht direkten Einblick in das Bewusstsein der jungen Frau, das von einer Unsicherheit kündet, die ihren abgeklärten Habitus Lügen straft. Der stark parataktische, an die Alltagssprache angenäherte Satzbau entspricht dabei der nur bruchstückhaft wiederkehrenden Erinnerung der Ich-Erzählerin an Steins damalige Vision von „dem Haus, raus aus Berlin, Landhaus, Herrenhaus, Gutshaus, Linden davor, Kastanien dahinter, Himmel darüber, See märkisch, drei Morgen Land mindestens, Karten ausgebreitet, markiert, Wochen in der Gegend rumgefahren, suchend." (S. 98, Z. 10ff.) Prägend für die Erzählweise sind weiter auch ein lakonisch-unsentimentaler Duktus sowie gehäufte konjunktivische Konstruktionen, die den Eindruck von Distanz, Emotionslosigkeit und Mattigkeit vermitteln. Ihre eigene Befindlichkeit drückt sich, möglicherweise weil sie sich äußerlich abgeklärt und unbeeindruckt gibt, weiterhin auch körpersprachlich aus. Sie zündet sich eine Zigarette an „wie immer, wenn Stein irgendwie auftrat und mir also wenig einfiel" (S. 98, Z. 19ff.), woraus der Leser schließen kann, dass sie mindestens ebenso nervös ist wie Stein, der vor Aufregung über sein Wagnis – den Hauskauf – in den Hörer schreit, ihn fallen lässt und mit zitternder Stimme ankündigt, er wolle kommen und sie abholen.
Die uneingestandene Erregung beider bei gleichzeitiger Sprachlosigkeit beim ersten Wiedersehen führt sofort zu Kommunikationsproblemen, da die Protagonisten offenbar nicht fähig sind, über ihre Gefühle, Absichten und Vorstellungen zu sprechen, oder sich ihrer überhaupt nicht bewusst sind. Dennoch rufen sie das Muster ihrer damaligen Beziehung wieder ab, als sie in den Wagen Steins steigen und gemeinsam losfahren. Der dann folgende Rückblick erhellt für den Leser die Art und Weise der damaligen Liebesbeziehung. Schon dass die Ich-Erzählerin diese in Form einer Correctio als eine „Beziehung, wie die anderen das nannten" (S. 98, Z. 44) beschreibt, zeugt von ihrem Bemühen, die zweifellos vorhandenen Gefühle von sich fernzuhalten. Dafür sprechen auch ihre Behauptungen, das damalige Zusammensein habe vor allem aus Taxifahren und Musikhören bestanden, sie habe Stein ebenso wie seinen Traum von einem Haus vergessen (vgl. S. 98, Z. 16f.) und könne sich nicht erinnern, „wie das, wie also Sex mit Stein gewesen war" (S. 99, Z. 111f.). Stein dagegen scheint schon damals für sich entschieden zu haben, mit der Ich-Erzählerin gemeinsam leben zu wollen, weshalb er sie bei einer gemeinsamen Taxifahrt gefragt hat, ob sie es verstehe (vgl. S. 98, Z. 67f.), dabei allerdings offengelassen hat, was er damit meint. Sie jedoch hat ihn damals vor die Tür gesetzt, woraufhin er sich hartnäckig in ihrem Dunstkreis, d.h. im Kreise der Clique, aufgehalten hat. Lakonisch berichtet sie dann von dem dort üblichen promiskuitiven Verhalten und davon, und dass es sich nicht habe vermeiden lassen, dass Stein „sie alle [vögelte], er war ziemlich schön", und mit dem Hinweis, dass Fassbinder „seine helle Freude an ihm" (S. 99, Z. 95f.) gehabt hätte, spielt sie auf die Bisexualität des Filmemachers an. Hier wird deutlich, wie sehr die Lebenswelten und Liebeskonzepte der Cliquenmitglieder von Indifferenz geprägt sind, wodurch wirkliche Intimität nicht entstehen kann. Zugleich wird hier wie auch an anderen Stellen der Erzählung durch die Nennung bestimmter Künstler und Musiker ein popkultureller Intertext in die Erzählung eingewoben, der einerseits das Leben der modernen Bohèmiens anschaulich macht und andererseits auch für die Leser den Bezug zu ihrer aktuellen Gegenwart herstellt. Der Leser nimmt der Ich-Erzählerin ihre demonstrative Gleichgültigkeit im Hinblick auf Steins Sexualleben allerdings nicht ab, sondern

kann eher vermuten, ihre Weigerung, mit ihm nochmals und womöglich im Beisein der anderen zu schlafen, habe viel eher mit uneingestandenen Sehnsüchten nach echter Liebe zu tun. Bei aller körperlichen Nähe zu verschiedenen Frauen der Clique und trotz seiner Unterstützung bei den öffentlichen Präsentationen ihrer Kunst-Produkte ist Stein jedoch nur „dabei", nicht aber tatsächlich zugehörig, was vermutlich auch daran liegt, dass er den anderen einen Spiegel vorhält, wenn er sie anschaut, „als ob [sie] auf einer Bühne agierten" (S. 99, Z. 137). Seine indirekte Ablehnung ihrer Existenzweisen wird sich später auch in seinem Angebot, die Ich-Erzählerin könne auch gemeinsam mit ihrer Clique und Stein im Sommerhaus leben und dort ihr „gottverdammtes Gras hier anbauen und Pilze und Hanf und Scheiße" (S. 101, Z. 332 f.), wiederholen.
Auf der Fahrt nach Canitz, wo das Haus steht, erinnert sich die Ich-Erzählerin dann an nur scheinbar vergangene widersprüchliche Gefühle, die zwischen einer „seltsamen Euphorie, [...] Gleichgültigkeit [und] Fremdheit" (S. 99, Z. 182 f.) changieren. Dass sie diese auch ganz gegen ihren Willen aktualisiert, wird an ihrer zärtlichen Geste – sie streicht ihm über das Gesicht, was er mit „Siehste" (S. 100, Z. 195) kommentiert – deutlich. Stein indes scheint zu spüren, dass in seinem Versuch, ein Wiederaufleben ihrer Liebe zu sehr zu forcieren und Gefühlsausdrücke ihrerseits im Sinne eines „Rechthabens" zu beantworten, auch ein Scheitern möglich ist, denn er bereut seinen Kommentar sofort. Dennoch umwirbt er sie, als sie die Schlüssel für das Haus abholen, indem er vor ihrer heruntergekurbelten Fensterscheibe sein Becken obszön im Kreis dreht und sie auffordert „Let the good times roll" (S. 100, Z. 218) und damit auf ihre frühere körperliche Intimität anspielt. Während sie darauf noch verlegen reagiert, kommt es später ganz spontan zu einem ungesteuerten Empathieerlebnis, als die Ich-Erzählerin die vielen Schlüssel zu dem Haus in Empfang nimmt und plötzlich Stein in seiner „Begeisterung, seine[r] Vorfreude, seine[r] Fiebrigkeit" (S. 100, Z. 241 f.) versteht. Der Besitz der Schlüssel zeigt auf einer symbolischen und raumsemantischen Ebene an, dass die Ich-Erzählerin es von nun an in der Hand hat, das Haus zu betreten und damit das gemeinsame Leben mit Stein zu beginnen. Die Ansicht des Hauses, das sich als eine Ruine herausstellt, löst in beiden denn auch gleichermaßen die Gewissheit aus, dass es „*das* Haus" (S. 100, Z. 280) ist.
Auffällig ist die unterschiedliche Wertung der Vormieter des Hauses durch Stein und die Ich-Erzählerin. Während Stein Verständnis und sogar Mitleid darüber äußert, dass sie von ihrem Vermieter vor die Tür gesetzt worden sind, und sogar erwähnt, sie hätten seinetwegen dort wohnen bleiben können, findet die Ich-Erzählerin die Vormieter nur „ekelhaft" (S. 100, Z. 231 f.). Hieran wird in einer sehr verschärften Form deutlich, dass sich die junge Frau kaum mit den Menschen ihrer Umgebung in Beziehung setzen kann und in einer Art permanenter Abwehrhaltung lebt. Dabei bezieht sich die Gleichgültigkeit und Distanz auch auf die sozialen Probleme ihrer Gegenwart, die in der Erzählung exemplarisch durch die entmietete Familie repräsentiert werden.[1] Die Schilderungen der Situation der Familie sowie die Erwähnung, dass Stein das Haus in D-Mark bezahlt habe (vgl. S. 99, Z. 168 ff.), lassen darauf schließen, dass die Handlung der Erzählung in den 1990er-Jahren nach der Wiedervereinigung spielt. Dass die mangelnde Sozialkompetenz und die apolitische Haltung nicht nur ein individuelles Merkmal der Ich-Erzählerin ist, sondern zum Lebensgefühl ihrer Clique gehört, äußert sich in dem aggressiven und rücksichtslosen Verhalten der Städter, wenn sie sommers in ihre Landhäuser außerhalb Berlins fahren und mit den Nachbarn anecken. Auch für die früheren Besitzer dieser Häuser, für die „Arbeiter[...], Kleinbauern, Hobbygärtner, die uns hassten und die wir hassten" (S. 99, Z. 114 f.), empfinden sie Verachtung und Zorn, obwohl es eine direkte Begegnung niemals gegeben hat.
Die Begehung des Hauses erweist sich für die Ich-Erzählerin schließlich als ein Wechselbad der Gefühle, was existenzielle Ängste in ihr auslöst. Zunächst einmal fasst sie Steins Hand und will die Berührung nicht wieder auflösen. Als sie sich jedoch dann an ihn klammert, wäh-

[1] Vgl. hierzu: Sander, Julia Catherine: Zuschauer des Lebens. Subjektivitätsentwürfe in der deutschsprachigen Gegenwartsliteratur. Bielefeld 2015, S. 79 f.

rend er sich in seine Begeisterung für das Haus förmlich hineinsteigert, hat sie das Gefühl, „nicht mehr vorhanden" (S. 101, Z. 308) zu sein. Die von Jugendlichen an die Wand gekritzelte Schrift „Geh zu ihr, und lass deinen Drachen steigen" (S. 101, Z. 321 f.) liest sie – offenbar selbstvergessen und ohne bewusst eine Botschaft senden zu wollen – laut vor und versetzt Stein damit in höchste Aufregung. Diese äußert sich auch in seinem vielleicht allzu drängenden Wollen. Grob stößt er die Ich-Erzählerin eine kleine Treppe hinunter und offenbart ihr seine Vision von einem gemeinsamen Zusammenleben in dem Haus. Als er schließlich ihren Kopf packt und gewaltsam in die Dunkelheit dreht, wird ihr die Nähe zu viel, und sie bittet Stein, damit aufzuhören. Vor seiner Berührung zuckt sie nun zurück und versteht nur von „viel zu weit weg" (S. 101, Z. 350) und somit unbewusst etwas von der Bedeutung dieses Moments. Hieran wird besonders deutlich, dass die Ich-Erzählerin nicht nur von ihrer Umgebung, sondern auch von sich selbst entfremdet ist und keinen Zugang zu ihren Gefühlen hat. Alles, was sie zu spüren vermag, ist Angst, die vor allem an ihren völlig irrationalen, anklagenden Gedanken daran, dass niemand aus der Clique da ist, um sie „vor Stein zu schützen" (S. 101, Z. 354 f.), deutlich wird. Gleichzeitig spürt sie Verlegenheit, Sehnsucht nach Stein und seiner früheren Liebe, verbunden mit Selbsthass, sowie ein bohrendes Schuldgefühl angesichts ihrer für ihn nicht befriedigenden Reaktion. Auf ihr Drängen hin erklärt ihr Stein, es handele sich bei dem Haus um eine Möglichkeit, die sie wahrnehmen oder ablehnen könne. Auch Stein vermag es offenbar nicht, sich eindeutig festzulegen und hinter seiner Idee vom gemeinsamen Leben in dem Sommerhaus, das für ihn zweifellos einen Lebenstraum darstellt, zu stehen. Im Gegenteil, er verleugnet die Bedeutung, indem er betont, es spiele „keine Rolle" (S. 101, Z. 388 f.), wie sie sich entscheide, er habe es ihr nur zeigen wollen. Unverrichteter Dinge und förmlich eingekapselt in ihre Einsamkeiten fahren die beiden zurück nach Berlin.

In der Folgezeit verschweigen sie vor der Clique das Haus und agieren in gewohnten Handlungsmustern. Dass jedoch das Ungeklärte zwischen ihnen steht und sie beide beschäftigt, kommt insbesondere während eines Ereignisses an einem zugefrorenen See zum Tragen. Eine Person mit dem Spitznamen „Toddi" bricht dabei ins Eis ein, und während alle anderen aus der Clique einen Rettungsversuch unternehmen oder aber bestürzt schreien, verfallen die Ich-Erzählerin und Stein in ein irrsinniges und absurdes Gelächter angesichts der Begriffe „Blau" und „Kalt" (S. 102, Z. 452). Die Kältemetapher unterstreicht dabei den inneren Zustand der Protagonisten, die dem Geschehen und den darin involvierten Personen gleichgültig und förmlich wie erstarrt gegenüberstehen. Anstatt handelnd einzugreifen, verharren hier beide in der Zuschauerposition, was hinter der Fassade auch auf Ratlosigkeit und Unsicherheit schließen lässt. Offenbar lässt sich für Stein dieser schwebende, ungewisse Zustand nicht weiter aushalten, denn er beginnt, ohne sein Verhalten zu erklären oder sich von den anderen zu verabschieden, mit der Renovierung des Hauses in Canitz und wendet sich damit ganz deutlich von dem Leben im Verband der Clique in Berlin ab.

Es folgt eine Zeit des Wartens auf eine Entscheidung durch die Ich-Erzählerin. Stein berichtet ihr mittels Postkarten, wie er mit der Renovierung vorankommt, was zwischen den Zeilen eine Art unbeholfene, zögerliche Liebeswerbung darstellt. Dass er dabei öfter auch das Kind der Vormieter erwähnt, das sich nach wie vor in der Nähe des Hauses aufhält, ruft Assoziationen von einem bürgerlich-konservativen Lebensentwurf „Vater-Mutter-Kind" hervor, der jedoch, wie der Leser vermutet, angesichts der psychischen Konstitution der Ich-Erzählerin niemals eingelöst werden kann. Womöglich hat Stein aus dem Verhalten der Ich-Erzählerin bei der Begehung des Hauses abgeleitet, dass er sie nicht bedrängen darf, denn er schreibt lediglich davon, was er tun werde, „wenn" sie käme. Dass dieses sowohl konditional als auch temporal verstanden werden kann, unterstreicht die darin liegende Ergebnisoffenheit. Stein stellt ihr die Möglichkeit eines Zusammenlebens mittels seiner Postkarten immer wieder (von März bis Mai fast täglich) vor Augen, verwendet dabei aber niemals Appelle. Dass sie sich nicht rührt, dabei aber gleichermaßen auf seine Botschaften wartet und sie säuberlich verwahrt, rechtfertigt sie vor sich selbst damit, warten zu wollen, bis die Aufforderung

„komm" (S. 102, Z. 476) sie erreichen würde. Als schließlich ein Brief mit einer Zeitungsanzeige, worin vom Brand des Gutshauses die Rede ist, ankommt, ist sie gerade mit jemand anderem aus der Clique zusammen in einem Bett. Vor der nur mit „Falk" betitelten Person will sie das, was sie gerade erfahren hat, geheim halten und antwortet deshalb nicht auf die Frage nach dem Inhalt des Briefes. Stattdessen packt sie den Artikel zu den Schlüsseln des Sommerhauses sowie den Postkarten und denkt „später" (S. 102, Z. 509).
Das Ende zeigt noch einmal die Unterschiede zwischen Stein, dem Entschlossenen und Zupackenden, und der Ich-Erzählerin, der Zögernden, die schließlich zu lange gewartet hat. Es ist zu vermuten, dass das Haus von Stein selbst angezündet worden ist. Der Leser erkennt in diesem Akt der Zerstörung seines Traumes auch den Willen, sich selbst vor dieser letztlich ins Leere laufenden Liebe zur Ich-Erzählerin zu schützen. Dabei gewinnt das Anzünden des hochgradig emotional besetzten Objekts hier die gewichtige Bedeutung eines Liebesopfers und stellt zugleich einen Akt der Gewalt dar. Radikal wird das Band zwischen den einst Liebenden zerschnitten, wobei allerdings auch dieser Akt von der Ich-Erzählerin nicht verstanden wird, wenn sie glaubt, es gäbe ein „[S]päter" (S. 102, Z. 509).
Indem in der Erzählung eine Person gezeigt wird, die an sich selbst vorbei lebt, sich anderen gegenüber weitgehend indifferent verhält und sich den sozialen Problemen ihrer Zeit verschließt, werden hier implizit auch psychologische, gesellschaftliche und ethische Fragestellungen verhandelt. Darin, dass die Autorin in ihrem literarischen Entwurf Probleme der Gegenwart auslotet und den „Sound ihrer Generation"[1] (H. Karasek im „Literarischen Quartett") trifft, wird häufig die Bedeutung ihres Schreibens gesehen. Inwiefern Hermanns Protagonistin in ihrer apolitischen Haltung sowie in ihrer Indifferenz und latenten Depression tatsächlich eine zeitdiagnostische Funktion zuzumessen ist, sollte im Zusammenhang einer unterrichtlichen Auseinandersetzung mit ebenfalls jungen Menschen kritisch diskutiert werden.

[1] H. Karasek in der Sendung „Das literarische Quartett" 57 (1. Buch); Quelle: https://www.youtube.com/watch?v=B23-DXyBsdc, Abruf: 2.11.2016

Baustein 2

Die didaktische Aufbereitung der Erzählung

2.1 Die Frage des Einstiegs

Ein erster Einstieg in die Erzählung kann auf verschiedene Weise realisiert werden. Hier sollen drei methodische Varianten vorgestellt werden, die sowohl alternativ als auch ergänzend eingesetzt werden können und dabei unterschiedliche Lernertypen bedienen.
Zunächst einmal kann eine inhaltliche Hinführung mittels einer Annäherung an die Figuren gelingen. Diese kann mithilfe der Methode „Figurenrequisiten“ angebahnt werden. Dabei werden sich die Lernenden ihrer eigenen Assoziationen zu den Hauptfiguren bewusst, indem sie für die Ich-Erzählerin und Stein jeweils einen symbolhaften Gegenstand mitbringen und diese Wahl schriftlich begründen. Sie arbeiten mithilfe folgender Aufgabenstellung:

- *Vergegenwärtigen Sie sich, welchen Eindruck Sie beim Lesen von der Ich-Erzählerin und von dem Taxifahrer Stein gewonnen haben.*
- *Suchen Sie jeweils einen Gegenstand, der symbolisch eine Eigenschaft dieser Personen repräsentiert, und begründen Sie Ihre Wahl schriftlich.*
- *Bringen Sie Ihre Gegenstände mit.*

Im Unterricht werden die Gegenstände jeweils präsentiert, indem die Schülerinnen und Schüler ihre Begründungen nennen und die Requisiten auf einen Tisch gelegt werden. Die mitgebrachten Gegenstände können auf je einem Tisch für die Ich-Erzählerin und für Stein abgelegt und während dieses Vorgangs kommentiert werden. Es ergibt sich ein relativ komplexes Bild unterschiedlicher subjektiver Eindrücke, die im Prozess des Verbalisierens und Austauschens zu einem vertiefenden Verständnis beitragen können. Im Anschluss an den Austausch im Unterrichtsgespräch arbeiten alle Lernenden mit folgendem Schreibauftrag weiter. Ggf. kann auch ein arbeitsteiliges Vorgehen, z. B. in Form einer Partnerarbeit, bei der die Partner je einen der beiden Protagonisten beschreiben, hier sinnvoll sein.

- *Fassen Sie das Bild, das Sie nun von den Personen gewonnen haben, schriftlich zusammen. Beginnen Sie mit dem Satzanfang „Ich sehe eine Person, die ...“*

Eine zweite methodische Möglichkeit des Einstiegs bietet der sogenannte „Klappentext“. Dabei arbeiten die Lernenden weitgehend selbstständig in Gruppen. Jede Gruppe erhält ein großes Blatt Papier und schreibt „Sommerhaus, später“ in die Mitte. Anschließend werden der Reihe nach über einen bestimmten Zeitraum Begriffe oder Aussagen um die Mitte herum notiert, die die Lernenden mit der Erzählung in Verbindung bringen. Dabei kann es sich um inhaltliche, aber auch um wertende Kommentare oder auch um Verständnisakzente handeln. Während dieser Phase wird nicht gesprochen. Im Anschluss erhält die Gruppe folgenden Auftrag:

- *Sie haben inzwischen viele verschiedene Begriffe notiert. Einigen Sie sich in einem Gespräch auf sechs Begriffe, die Sie für besonders bedeutsam halten, und kreisen Sie diese ein.*

Im Anschluss an die Diskussion, in welcher die Schülerinnen und Schüler bereits Akzente ihres Textverständnisses artikulieren und im Gespräch konkretisieren, arbeiten sie in Einzelarbeit an folgendem Schreibauftrag weiter:

- *Verwenden Sie die sechs Begriffe für eine kleine schriftliche Buchbesprechung oder für einen Klappentext. Dabei dürfen Sie neben einer knappen Beschreibung inhaltlicher Akzente auch wertende Aussagen oder Fragen einbeziehen.*

Die Texte, die exemplarisch vorgelesen werden, geben der Lehrkraft Aufschluss über individuelle Verstehenshorizonte und Erarbeitungsinteressen der Schülerinnen und Schüler und können auf diese Weise genutzt werden, um Aspekte der weiteren Unterrichtsplanung festzulegen.

Eine weitere Möglichkeit ist ein Einstieg mithilfe eines Gestaltungsauftrags. Die Schülerinnen und Schüler werden aufgefordert, für die Erzählung ein Coverbild zu gestalten. Indem sie sich für bestimmte Motive entscheiden und diese gemäß ihrer eigenen Vorstellung zeichnen oder als Collage zusammenstellen, leisten sie bereits einen individuellen interpretatorischen Zugriff auf den Text. Dabei kann möglicherweise das Haus eine prominente Rolle spielen, welche später Gegenstand vertiefender Auseinandersetzungen sein wird.
Die Lernenden erhalten folgenden Arbeitsauftrag:

- *Gestalten Sie ein Coverbild für die Erzählung. Überlegen Sie sich dazu, welche bildlichen Elemente Ihrer Meinung nach geeignet sind, um den (potenziellen) Leser auf das aufmerksam zu machen, was ihn beim Lesen erwartet.*

2.2 Die Fahrt nach Canitz – Eine Betrachtung aus verschiedenen Sichtweisen

Die Wahl einer Ich-Erzählform, bei der subjektive Eindrücke, (in diesem Fall reduzierte und wenig bewusste) Gefühle und Deutungen der Welt die Darstellung beherrschen, ist für die Erzählung „Sommerhaus, später" konstitutives Element. Dabei lernt der Leser eine Erzählerin kennen, der er misstrauen soll, da sie ihren eigenen Gefühlen ausweicht, eine Abwehrhaltung gegenüber bestimmten Handlungserwartungen oder konkreten Positionsbestimmungen einnimmt und darüber hinaus den Menschen und ihrer Umgebung mit Gleichgültigkeit begegnet. Da die Wahrnehmung der geschilderten Erlebnisse in einer solchen Weise stark gefärbt ist, kann es für eine Deutung dieses Textes hilfreich sein, das Geschehen aus einer anderen Sichtweise heraus zu erzählen. Auf eine handlungs- und produktionsorientierte Weise können die Schülerinnen und Schüler sich hierdurch nicht nur in andere Figuren einfühlen, sondern machen zudem quasi implizit auch wesentliche Erfahrungen damit, in welcher Weise die gewählten erzähltechnischen Gestaltungselemente eine bestimmte Funktion haben und die Rezeption steuern.
Besonders interessant ist dabei eine veränderte Sichtweise im Hinblick auf die Textpassage, in welcher die Fahrt nach Canitz erzählt wird. Dabei ist es didaktisch reizvoll, hier einerseits Texte aus der Sicht von Stein zu schreiben, um auf diese Weise sich gedanklich dieser Figur zu nähern, und andererseits Texte aus der Sicht eines auktorialen, alles überblickenden und vor allem kommentierenden Erzählers zu verfassen. Dabei ist ein unterrichtliches Arrangement denkbar, bei welchem die Lerngruppe sich entweder mit dem einen oder mit dem anderen Schreibauftrag befasst und die Ergebnisse in einem zweiten Schritt dann genutzt werden, um einerseits Stein als literarische Figur näher zu charakterisieren und diesbezügliche

Deutungshypothesen aus den Texten herauszustellen und andererseits die Deutungen einschließlich der möglichen Auf- und Abwertungen, die möglicherweise ein auktorialer Erzähler einflechten würde, bewusst zu machen und zu diskutieren.
Um den Wert und die Erkenntnisse, die sich aus dem Wechsel der Sichtweise und dem veränderten Erzählverhalten ergeben, einordnen zu können, bedarf es vorab jedoch auch einer Klärung der im Original gewählten erzähltechnischen Besonderheiten einschließlich der Auswirkungen auf den Leser. Dabei muss klar werden, dass die für den Ausdruck subjektiver Befindlichkeiten geeignete Ich-Erzählform das Potenzial hat, das Innenleben der Figur und ihre Weltdeutung unter Ausblendung davon abweichender Sichtweisen konsequent auszuleuchten. Dass die Subjektivität der Darstellung ganz bewusst auch „blinde Flecke" der Perspektivfigur beinhaltet und somit Leerstellen im Text entstehen, die der Leser mit eigenen Deutungen füllen muss, wodurch Raum für Polyvalenz entsteht, macht dabei einen Teil der literarischen Qualität der Erzählung aus.
Aus diesen Überlegungen ergibt sich eine zweischrittige Vorgehensweise, bestehend aus einem analytischen und einem handlungs- und produktionsorientierten Teil.
Die Lernenden erhalten zunächst folgende Aufgabe:

- *Untersuchen Sie die folgende Textpassage (S. 98, Z. 1 – S. 99, Z. 108) im Hinblick auf die hier gewählte Erzähltechnik (Erzählform, Erzählverhalten, Erzählhaltung) und die sprachliche Gestaltung.*

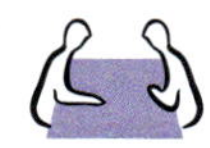

- *Erörtern Sie die Besonderheiten der hier gewählten Form im Hinblick darauf, was der Leser erfährt und was ihm verborgen bleibt. Halten Sie in Form einer Gegenüberstellung einerseits klare Informationen und andererseits Fragen, die sich Ihnen stellen, ohne dass sie beantwortet werden, fest.*
- *Diskutieren Sie in Partnerarbeit über mögliche Antworten auf die Fragen. Halten Sie Ihre aus den Gesprächen resultierenden Deutungshypothesen (etwa zu den Figuren) fest.*

Die Ergebnisse können in Form eines Tafel- oder Folienbildes festgehalten werden:

Annäherungen an die Erzählform und die Perspektivfigur

Allgemeine Beobachtungen:

- unvermittelter Beginn, Leser wird nicht in die Handlung eingeführt
- Ich-Erzählform, Darstellung des Geschehens aus Sicht der Perspektivfigur, Reduktion auf ihre Wahrnehmungen und Deutungen
- lakonische Sprache, im Wesentlichen Parataxen, Diskrepanz zwischen Inhalt (Liebe) und Form (Nüchternheit)

Informationen (Beispiele)	**Fragen (Beispiele)**
• Ich-Erzählerin: Adressatin des Anrufs Steins, eines ehemaligen Geliebten • eher widerwilliges Einverständnis in Steins Aufforderung, das gekaufte Haus zu besichtigen • Rückblick auf die vergangene Zeit der dreiwöchigen Beziehung mit Stein • Schilderung von Steins Leben in der Clique im Anschluss an die Beziehung • …	• Warum ruft Stein nach Beendigung der Beziehung die Ich-Erzählerin an, um ihr von dem Hauskauf zu berichten? Warum weiß die Ich-Erzählerin nichts über seine Motive? • Warum steigt sie trotz inneren Widerwillens in Steins Taxi ein? • Hat es sich seitens der Ich-Erzählerin damals um Liebe gehandelt? Warum hat die Ich-Erzählerin „irgendwann genug“ (S. 99, Z. 89) von Stein gehabt? • Warum ist Stein nicht aus dem Dunstkreis der Ich-Erzählerin verschwunden? • …

→ subjektive Sichtweise und Wahrnehmung; offene „Leerstellen“ der Handlung, die der Leser mit Deutungshypothesen füllen muss

Im Anschluss daran erhalten die Lernenden folgende Aufgabe:

- *Nehmen Sie sich eine Textpassage aus dem erzählten Geschehen (Fahrt nach Canitz, Besichtigung des Hauses) heraus, die Sie interessant finden. Sie sollte etwa eine halbe Seite Umfang haben, darf aber auch länger sein.*
- *Schreiben Sie den Text um, indem Sie eine andere Sichtweise zugrunde legen. Möglich ist dabei die Ich-Erzählform aus der Sicht Steins oder eine Er-Sie-Erzählform mit einem auktorialen Erzähler, der alles überblickt und Kommentare zum Geschehen abgibt.*

Die Reduktion des Textes auf einen überschaubaren, selbst zu wählenden Abschnitt sorgt einerseits für die nötige Bereitschaft, sich auf die Aufgabe einzulassen, stellt andererseits schon eine Anforderung dahingehend, sich für eine aussagekräftige Passage zu entscheiden, dar und sorgt im Hinblick auf die Auswertung für Abwechslung.
Dabei kann es auch interessant sein, die Wahl der Schülerinnen und Schüler für die Sichtweise und Textpassage zu reflektieren. Sollte beispielsweise der Fall eintreten, dass sich alle für die Sichtweise Steins und gegen den auktorialen Erzähler entschieden haben, kann dies ein Hinweis darauf sein, dass die Auseinandersetzung mit der Liebesbeziehung aus der anderen Sicht die Lernenden besonders interessiert. Es könnte in diesem Fall nach Auswertung der

Texte auch mündlich danach gefragt werden, was ein auktorialer Erzähler an Wertungen, Kommentaren oder Erklärungen für den Leser hätte bereithalten können.
Daneben ist es reizvoll, aus den Texten der Lernenden zu ermitteln, welche Deutungen der Figur „Stein“ und des erzählten Geschehens ersichtlich werden. Die Deutungshypothesen der Lernenden sollten dabei benannt, im Kurs diskutiert, auf Schlüssigkeit hin überprüft und anschließend festgehalten werden.
Die Lernenden erhalten folgende Aufgabenstellung:

- *Stellen Sie sich im Kurs gegenseitig Ihre Ergebnisse vor und diskutieren Sie sie im Hinblick darauf,*
  - *was über die Figur „Stein“ deutlich wird,*
  - *welche Wertungen oder Kommentare der auktoriale Erzähler eingeflochten hat, die zum Verständnis der Handlung und der Figuren beitragen.*
- *Benennen Sie im Anschluss an jeden Text diesbezügliche Deutungshypothesen und diskutieren Sie sie kritisch.*
- *Welche Aussagen über die Protagonisten (Ich-Erzählerin, Stein) und über ihre damalige und jetzige Beziehung können Sie nun treffen?*

Auch hier lohnt es sich, die möglichen Ergebnisse zu sichern und von hier aus weiterzuarbeiten. Folgende Erkenntnisse sind denkbar:

Die Figuren und ihre Beziehung zueinander – Deutungshypothesen

- noch immer andauernde Liebe Steins zu der Ich-Erzählerin
- diffuse und zwiespältige Gefühle der Ich-Erzählerin zu ihrem Verflossenen (Schwanken zwischen Momenten der Sehnsucht einerseits und Angst bzw. Abwehr andererseits)
- Unfähigkeit beider, ihre Gefühle, Sehnsüchte und Hoffnungen auszusprechen; Unfähigkeit zu gelingender und sinnstiftender Kommunikation
- Ausblick auf das Haus als Möglichkeit einer gemeinsamen Existenz und der Wiederaufnahme der Liebesbeziehung in der Zukunft

→ Beziehung „in der Schwebe“ zwischen Sehnsucht und Angst, Hoffnung und Gleichgültigkeit/Depression, Vergangenheit und (möglicher) Zukunft

2.3 Das Sommerhaus und seine Symbolik

Für die Deutung der Erzählung ist, wie schon der Titel vermuten lässt, die Auseinandersetzung mit dem zentralen Motiv des Sommerhauses von großer Bedeutung. Dabei ist zu unterscheiden zwischen der Bedeutung, die es für Stein einerseits und die Ich-Erzählerin andererseits hat. Für Stein, den Vagabundierenden, der buchstäblich noch nicht Fuß gefasst hat in der Welt und der sich darum vordergründig in völliger Unabhängig-, Schwere- und Sorglosigkeit durch sein Taxifahrer-Dasein treiben lässt, bedeutet das Haus nichts weniger als eine Möglichkeit, einen Ort zu finden, an dem er dauerhaft sein will und kann. Dies erklärt auch die fiebrige, fast manisch anmutende Suche nach dem Haus, dessen Eigenschaften in seiner Vorstellung so klare Konturen haben, dass man als Leser spontan in die zweifelnden Reaktionen derer, die glauben, das werde „doch nie was“ (S. 98, Z. 16), einstimmen möchte.
Angesichts des Kapitals, das er zur Verfügung hat, als er glaubt, das Haus gefunden zu ha-

ben, ist zu vermuten, dass die Ich-Erzählerin recht damit hat, dass er zuvor nicht aus finanzieller Bedrängnis heraus keine eigene Wohnung hatte, sondern weil er keine wollte (vgl. S. 98, Z. 60 f.). Die Entschlossenheit seines Handelns beim Erwerb des Hauses deutet darauf hin, dass er von nun an alles auf diese eine Karte setzt. Dabei ist es nicht allein der Besitz des Hauses, worum es ihm geht. Den Raum, in dem er dauerhaft sein will, stellt er sich auch in einem übertragenen Sinn als Lebensgemeinschaft mit der Ich-Erzählerin vor, ohne deren Anwesenheit dort auch die Idee von dem Haus für ihn nicht funktioniert. Wäre es nicht so, gäbe es für ihn keinen Grund dafür, sein mühsam in Eigenregie renoviertes Haus im Anschluss an das zu lange Zögern der Ich-Erzählerin zu verlassen oder gar selbst anzuzünden. Auffällig ist weiterhin, dass es sich bei dem Haus um ein altes, verfallenes Gutshaus in der Umgebung von Berlin (Canitz) handelt, deren frühere Bewohner – möglicherweise im Zuge der Wiedervereinigung – von dem Besitzer entmietet worden sind und nun unglücklich und dem Früheren hinterhertrauernd in einem „Sechziger-Jahre-Flachbau" (S. 100, Z. 198 f.) hinter Angermünde wohnen. Möglicherweise lässt sich der verfallene Zustand des Hauses auch als symbolischer Verweis auf die Hinfälligkeit des Lebensentwurfes, den das Haus repräsentiert (dauerhafte Lebensgemeinschaft im Familienverbund, verbunden mit Grundbesitz), deuten. Die Zeit, in der junge Menschen den einen Partner fürs Leben finden und mit ihm an einem Ort für immer bleiben, scheint endgültig vorbei zu sein – und dennoch bedeutet die globalisierte Gesellschaft für die Personen in der Erzählung nicht etwa Weltoffenheit und Toleranz, sondern vielmehr Indifferenz, Überforderung und Traurigkeit.
Stein jedoch macht sich dennoch unverdrossen ans Werk, das Haus auch ohne die Zusage der Ich-Erzählerin, die damit verbundene Möglichkeit auch anzunehmen, instand zu setzen. Für die Ich-Erzählerin repräsentiert das Haus nicht dasselbe wie für Stein. Zwar erkennt sie auch in flüchtigen Momenten, dass es „*das* Haus" (S. 100. Z. 280) ist, verschließt sich jedoch davor, die Erkenntnis, was dies weitergedacht für sie und Stein bedeutet, nämlich die Frage nach einem gemeinsamen Leben, bis zu sich vordringen zu lassen. Statt eine Antwort auf diese Frage, die Stein ihr implizit stellt, zu geben, bleibt die Ich-Erzählerin in der passiven Zuschauerrolle. Sie ist offensichtlich außerstande, sich zu Stein und seinem Lebensentwurf zu verhalten, denn sie gibt ihm weder einen Korb noch eine Zusage und lässt somit alles in der Schwebe. Ihr diffuses Selbstgefühl geht so weit, dass sie außer ihren äußerst widersprüchlichen emotionalen Reaktionen bei der Begehung des Hauses schlicht nicht weiß, was sie empfinden, sagen oder tun soll. Ihre Frage nach dem Preis des Hauses oder danach, woher er das Geld habe, weist Stein als nicht relevant und deplatziert zurück und erreicht damit eine sich noch steigernde Sprach- und Hilflosigkeit der Ich-Erzählerin. Einzig ihr Hinweis, das Efeu könne mal geschnitten werden, lässt erkennen, dass sie sich einen Augenblick lang gedanklich mit dem Haus befasst, was jedoch sehr schnell wieder von Abwehrreaktionen überlagert wird. Das Abschneiden des Efeus – eine Pflanze, die symbolisch für Treue und Liebe sowie für Ewigkeit steht – kann darüber hinaus auch als ein Hinweis auf die verkümmerte Gefühlswelt der Personen verstanden werden.
Es ist zu vermuten, dass ihr das Haus und was es symbolisiert unbewusst Angst macht, weil ein Einzug dort bedeuten würde, von den vielfältigen Optionen ihres Lebensentwurfes eine zu wählen und damit gleichzeitig andere zu verwerfen. Dazu aber müsste die Indifferenz durchbrochen werden, was einem Bekenntnis zu einem Menschen, zu bestimmten Werten und zu einem Ort gleichkäme. Es gilt, im Unterricht zu ergründen, warum der Ich-Erzählerin genau dies nicht gelingt und inwiefern ihr Verhalten Verweischarakter besitzt und auf allgemeine Probleme ihrer Generation hindeutet.

Zu Beginn der Auseinandersetzung empfiehlt es sich, zunächst einmal mit dem Symbolwert des Begriffs „Haus" zu arbeiten, indem die Schülerinnen und Schüler zu einem Brainstorming aufgefordert werden. In einem zweiten Schritt können sie nun weitergehend reflektieren, was für sie persönlich eine Existenz als Grund- und Hausbesitzer bedeutet und welche Vor- und Nachteile damit verbunden sind. Folgende Aufgabenstellung bietet sich an:

- *Was verbinden Sie mit dem Begriff und der Sache „Haus“? Halten Sie Ihre Assoziationen in Form eines Ideensterns fest.*

- *Erscheint es Ihnen persönlich erstrebenswert, später einmal über Grundbesitz und ein Haus zu verfügen? Erschließen Sie Vor- und Nachteile einer Existenzweise als Hausbesitzerin bzw. Hausbesitzer in Form einer Tabelle und wägen Sie beide Seiten kritisch ab.*

Da das Sommerhaus für die Erschließung der Erzählung eine prominente Rolle spielt, darf hierauf ein besonderes Augenmerk gelegt und Unterrichtszeit investiert werden. Die Symbolik erschließt sich besonders durch eine Verbildlichung der Vorstellungen, welche die Schülerinnen und Schüler während des Leseprozesses von dem Haus gewonnen haben. Dies gelingt am besten durch eine Zeichnung. Im Anschluss daran sollte nun mithilfe konkreter Textbezüge aufgezeigt werden, was das „Sommerhaus“ für die beiden unterschiedlichen Figuren, die damit konfrontiert werden, bedeutet.
Es empfiehlt sich folgende Aufgabenstellung, wobei der letzte der hier vorgeschlagenen Erarbeitungsschritte in dem Falle, dass dies als Klausuraufgabe gestellt wird (vgl. Klausurvorschlag 1), ausgespart werden sollte.

- *Erstellen Sie anhand der Beschreibung eine Zeichnung des „Sommerhauses“, von dem Stein immer geträumt hat (vgl. S. 98; Z. 9–14). Stellen Sie dieser Zeichnung anschließend die Beschreibung des dann tatsächlich gekauften Hauses (vgl. S. 100, Z. 265 – S. 100, Z. 388) gegenüber.*

Die Häuser können individuell unterschiedlich ausfallen. Folgende Merkmale können für die Gestaltung herangezogen werden:

Das Sommerhaus

Steins Traum	**Die Realität**
„raus aus Berlin, Landhaus, Herrenhaus, Gutshaus, Linden davor, Kastanien dahinter, Himmel darüber, See märkisch, drei Morgen Land mindestens“	• Ruine • herabhängendes Hinweisschild, kaputte Fenster und undichtes Dach • Texte an den Wänden • mögliche Einsturzgefahr
Flucht- und Sehnsuchtsort; utopische bzw. ideale Vorstellung	Ort, der nur durch intensive Arbeit zum Lebensraum werden kann

- *Arbeiten Sie heraus, was in der Erzählung über das Thema Wohnungslosigkeit sowie Hauskauf und -besitz in Bezug auf die Figur Stein ausgesagt wird. Orientieren Sie sich dabei an folgenden Textstellen und halten Sie Ihre Ergebnisse fest.*
  S. 98, Z. 44 – S. 99, Z. 108
  S. 101, Z. 382 – S. 102
  S. 102, Z. 458 – Z. 493

- *Untersuchen Sie, wie die Ich-Erzählerin auf den Hauskauf und die -besichtigung reagiert (vgl. S. 100, Z. 264 – S. 101, Z. 414). Beurteilen Sie die Ergebnisse im Hinblick auf die Frage, was sie über den Charakter der Ich-Erzählerin aussagen.*

Die Ergebnisse können in Form eines Tafelbildes festgehalten werden:

Das Sommerhauses – Traum oder Albtraum?

<table>
<tr><th>Stein</th><th>Die Ich-Erzählerin</th></tr>
<tr><td colspan="2">gemeinsame Empfindung, es sei das Haus, und kurz aufflammendes Verständnis der Ich-Erzählerin für Steins Euphorie (vgl. S. 100, Z. 240 ff.)</td></tr>
<tr><td>• genaue Vorstellungen von Lage, Aussehen und Umgebung → Inhalt einer lang gehegten Sehnsucht
• intensive Suche, anschließend entschlossener Kauf und eigenhändige Renovierung → hohe, existenzielle Bedeutung
• zaghaftes Werben um gemeinsame Existenz im Haus in Form von Postkarten
• evtl. eigenhändige Zerstörung des Hauses, radikale Aufgabe des Traums</td><td>• differente Haltung gegenüber Steins Träumen und ihm selbst
• Unfähigkeit, angemessen auf Steins Euphorie zu reagieren
• auf den Kaufpreis abzielende Fragen → Reduktion des Hauses auf finanzielle Seite (bei Ausblendung der existenziellen Bedeutung)
• Nur „ferne“ (S. 101, Z. 349 f.), vage Ahnung, was das Haus und die Begehung bedeutet → Abwehrhaltung
• Aufschieben der Entscheidung</td></tr>
<tr><td colspan="2">überwiegend gegensätzliche Haltungen und Reaktionen mit nur einem winzigen „gemeinsamen Nenner“</td></tr>
</table>

Zu einer vertiefenden Auseinandersetzung über die Frage, inwiefern es sich bei der Sehnsucht nach Grund- und Hausbesitz oder aber der Abwehr dagegen nicht nur um ein diese Figuren betreffendes Thema handelt, kann an dieser Stelle gewinnbringend ein Textauszug aus dem Gesellschaftsroman „Unterleuten“ von Juli Zeh herangezogen werden. Darin geht es um die Reflexion einer jungen Frau, die gerade ein Grundstück und ein Haus in der fiktiven Kleinstadt „Unterleuten“ in Brandenburg erworben hat, über die Frage, was diese Neuentwicklung in ihrem Leben bedeutet und inwiefern es sie verändert.

Aus der Perspektive einer nun diesem Status Entwachsenen blickt sie ironisch, fast verächtlich auf jene Vertreter ihrer eigenen Generation herab, die sich vor dem Schritt scheuen, Grundbesitz zu erwerben und in der Folge ihr Selbstbild und ihre Zukunft darauf hin auszurichten. Dabei erhellen die scharfen Kommentare gegenüber jenen, für die die tradierten, bürgerlichen Zukunftsoptionen, die auf Existenz- und Familiengründung („Baum pflanzen, Haus bauen, Kind zeugen“, Z. 15 f.) als hehre Lebensziele verweisen, eine „Horrorvision“ (Z. 17) darstellen, in gewisser Weise auch die Haltung der Protagonistin in Judith Hermanns Erzählung „Sommerhaus, später“. Denn auch sie leidet letztlich unter ihrer eigenen Maßgabe, sich alle Optionen offenhalten zu wollen und darüber dann die Orientierung in ihrem Leben zu verlieren. Auf eine implizit depressiv-traurige Grundstimmung verweisen die im Zusammenhang mit dem Empfinden der Ich-Erzählerin mehrfach verwendeten Kältemetaphern ebenso wie die vereinzelten Hinweise auf eine als schmerzhaft empfundene innere Leere.

Die Schülerinnen und Schüler arbeiten an dem **Arbeitsblatt 1**, S. 90, mithilfe folgender Aufgabenstellung:

■ *Arbeiten Sie aus dem Text heraus, welche Konnotationen mit der Vorstellung von Grundbesitz und einem Haus bei der Erzählerin Linda Franzen einerseits und bei den Menschen ihrer Generation andererseits verbunden sind.*

- *Stellen Sie einen Bezug zwischen den Aussagen über die junge Generation und der Darstellung der Protagonistin in Judith Hermanns Erzählung „Sommerhaus, später" her. Welche Schlüsse lassen sich daraus ziehen?*

Die Ergebnisse können in Form eines Tafelbildes festgehalten werden:

Die Ich-Erzählerin – Prototyp einer neuen Generation?

- Scheu, sich durch ein Haus oder eine feste, tiefe Beziehung intensiv zu binden
- jugendtypische Verhaltensweisen (Drogen, Partys, promiskuitives Sexualleben, lose soziale Bindungen in Form einer Clique): unbewusste Weigerung, erwachsen zu werden?
- Weigerung, soziale Verantwortung zu übernehmen

„Ewigpubertierende", die sich alle Optionen im Leben offenhalten will
Folge: Orientierungsverlust, Depression

- *Beurteilen Sie, inwiefern tatsächlich ein Paradigmenwechsel bzgl. der Wertvorstellungen „Baum pflanzen, Haus bauen, Kind zeugen" von einem „Glücksrezept" zu einer „Horrorvorstellung" von früheren zu heutigen Generationen stattgefunden hat. Führen Sie dazu ggf. Gespräche mit Ihren Eltern oder Großeltern zu diesem Thema.*

2.4 Die Clique – Spiegel des Lebensgefühls einer Generation?

Bei den Menschen um die Ich-Erzählerin herum – ihrer Clique – handelt es sich um eine Gruppe von Gleichgesinnten, die, insofern die Einzelpersonen keine individuellen, sondern eher kollektive Züge tragen, eine bestimmte Lebensweise verkörpern. Auffällig ist zunächst einmal ihre räumliche Verortung in der Großstadt Berlin, die nicht nur ihren Alltag, sondern auch ihr Selbstverständnis prägt. Die jungen Menschen sind allesamt künstlerisch tätig und veranstalten Ausstellungen, Lesungen sowie Konzerte. Ihre Diskurse über „Castorf und Heiner Müller und Wawerzineks letzten Absturz von der Volksbühne" (S. 99, Z. 128f.) lassen zudem auf ein studentisches bzw. intellektuelles Milieu schließen.
Das promiskuitive Verhalten innerhalb der Clique sowie der exzessive Alkohol- und Drogenkonsum drücken ihre antibürgerliche, dabei allerdings auffallend apolitische Haltung aus. Ihr Verhalten und ihre Äußerungen lassen nicht auf positiv formulierte Wertvorstellungen oder politische Ziele schließen, sondern zeigen vor allem ein „Dagegen" , das sich z. T. auch aggressiv äußert. So bringen sie beispielsweise ihren Hass auf die alteingesessenen Bewohner in den umliegenden Städten und Dörfern Berlins, wo diese Landhäuser besitzen und somit sommers zeitweilig residieren, offensiv zum Ausdruck. Dem Leser ist es rätselhaft, wieso sie sich regelrecht von den Menschen dort bedroht fühlen und das Gefühl haben, „schon an sie zu denken mach[...]e alles kaputt" (S. 99. Z. 117f.), weil es nicht passe. Den sozialen Problemen, die etwa in Gestalt der vorherigen Mieter des Gutshauses in Canitz auftauchen, setzen sie Gleichgültigkeit und Desinteresse entgegen. Was außerhalb ihres Kosmos' geschieht, wird ausgeblendet und auf Distanz gehalten.
Hinzu kommt, dass von Solidarität oder gemeinsamen Wertvorstellungen auch innerhalb der Gruppe nichts zu spüren ist. Symptomatisch dafür ist die Austauschbarkeit der jeweiligen Sexualpartner sowie das Verhalten der Ich-Erzählerin, als „Toddi", eine Person aus der Grup-

pe, in das Eis eines zugefrorenen Sees einbricht und sie nichts unternimmt, um zu Hilfe zu eilen. Auch die stark im negativen Sinne wertenden Beschreibungen der Ich-Erzählerin in Bezug auf das Verhalten verschiedener Cliquenmitglieder, etwa wenn sie beschreibt, wie „blöde unauffällig“ (S. 102, Z. 461) Henriette nach Steins Aufenthaltsort gefragt habe, oder dass Falk „mit der fiesen Schläue der Dummen“ (S. 102, Z. 499f.) sich nach dem Inhalt des Briefes (von Stein) erkundigt habe, verweisen auf eine im Grunde mangelnde Sympathie. Dass die Ich-Erzählerin dies nicht ganz zufällig irgendwann äußert, sondern vor allem dann, wenn es um das sensible Thema „Stein“ geht, deutet auf eine verquere Art an, wie sehr sie eben nicht, wie behauptet, hiermit abgeschlossen hat.
Für die Erarbeitung der Eigenarten und Funktion der Gruppe im Unterricht ist es wichtig, zunächst einmal aus dem Text heraus Merkmale zu erschließen, diese ggf. in einen Kontext zu anderen, aus der Geschichte bekannten Jugendbewegungen zu setzen und den Lernenden auf diese Weise eine Möglichkeit der einordnenden Bewertung zu eröffnen. Insbesondere im vergleichenden Kontrast etwa mit der sogenannten „Hippie-Bewegung“ sticht beispielsweise die apolitische, indifferente Haltung der jungen Menschen in Hermanns Erzählung umso stärker hervor.
Die Lernenden arbeiten mithilfe folgender Aufgabenstellung:

- *Arbeiten Sie mithilfe folgender Textstellen typische Merkmale der Künstlerclique, deren Teil auch die Ich-Erzählerin ist, heraus. Beziehen Sie sich dabei auf das beschriebene Verhalten und das Selbstbild der Cliquenmitglieder. Textstellen: S. 99, Z. 89–145; S. 102, Z. 415–503*
- *Wie bewerten Sie diese Clique?*

Folgendes Tafelbild ist möglich:

Die Künstlerclique – Der „Sound einer jungen Generation“ (Karasek)?

- Mitglieder: junge Künstler verschiedener Richtungen (Malerei, Musik, Literatur) aus studentischem oder intellektuellem Milieu in der Großstadt Berlin, allesamt ledig und kinderlos
- Antibürgerlichkeit und Protesthaltung sowie Hass und Abwehr gegenüber dem Lebensentwurf der alteingesessenen Landbevölkerung
- provozierender, auf Selbstinszenierung basierender Habitus: „Easy-Rider-Schritt“ (Z. 121), „spitzfindige[r], neurasthenische[r], abgefuckte[r] Blick“ (S. 99, Z. 135)
- Drogenkonsum und Promiskuität als Ausdruck von Freiheit, aber auch als Zeichen von Indifferenz
- apolitische Haltung und wenig Empathie gegenüber den sozialen Problemen der Gegenwart, Wahrnehmung auf den eigenen Kosmos begrenzt
- implizite, hintergründige Traurigkeit/Depression und Distanz zu sich selbst und anderen, symbolisiert durch Kältemetaphern und die Farbsymbolik („Blau“, S. 102, Z. 439, 452)

Spiegel einer zunehmend depressiven, indifferenten und entfremdeten Gesellschaft?

- *Recherchieren Sie in kleinen Gruppen über Jugend- und soziokulturelle Bewegungen der Vergangenheit wie z. B. die „Bohème“, die „Hippie-“ bzw. „Flowerpower-Bewegung“, die „Punks“ oder andere. Stellen Sie die Bewegungen jeweils mittels einer geeigneten Präsentationsform (z. B. Plakat, PPP) vor und gehen Sie dabei insbesondere auf sozial-politische Hintergründe ein.*

- *Stellen Sie einen Vergleich zwischen den vorgestellten Bewegungen und der in der Erzählung vorgestellten Künstlerclique her. Wo sehen Sie Gemeinsamkeiten, wo Unterschiede?*

Bei einem Vergleich mit anderen historischen Jugendbewegungen kann sich herausstellen, dass es Gemeinsamkeiten dahingehend gibt, dass es vielen dieser Bewegungen um einen Protest gegen das Etablierte ging. Junge Menschen gingen und gehen bewusst in eine Distanz zu den Erwachsenen und ihren Wertvorstellungen. Der Habitus, vor allem das „Dagegen" zum Motto zu machen, teilt die in der Erzählung dargestellte Künstlerclique mit anderen Jugendbewegungen. Die Infragestellung sozialer oder gesellschaftlicher Verhaltensnormen kann sich dabei auf den Umgang mit Drogen, Sexualität, Kleidung, Musik oder auch auf weltanschauliche bzw. Glaubensfragen beziehen. Wie auch bei der Clique um die Ich-Erzählerin soll dabei häufig die Protesthaltung nach außen hin sichtbar werden und so implizit an bis dahin gültige Ideale rütteln. Welche Akzente dabei jeweils gesetzt werden und welche Bezüge eine Rolle spielen, kann sehr unterschiedlich ausfallen und daher Anlass für einen Vergleich sein.
Insbesondere in Zeiten, in denen der Jugend bewusst wird, dass es die Älteren sind, die etwa für einen Krieg oder für die Zerstörung der Umwelt verantwortlich sind und den Jüngeren dadurch ein schweres Erbe aufbürden, kann der Protest dezidiert sozial- oder gesellschaftskritisch ausfallen und ein Zeichen für einen Konflikt der Generationen sein. Dieser politische Impetus, welcher häufig auch mit einer hohen Sensibilität junger Menschen für soziale, ökologische oder anderweitig gelagerte Ungerechtigkeiten zusammenhängt, fehlt der Künstlerclique um die Ich-Erzählerin völlig. Den Benachteiligten, die insbesondere in Gestalt der entmieteten Familie in der Erzählung präsent sind, bringt die Ich-Erzählerin lediglich Hass und Abscheu entgegen. Nennenswertes Interesse zeigt sie nicht einmal gegenüber ihren engsten Vertrauten, was besonders in der Episode, als von „Toddis" Einbrechen ins Eis erzählt wird, deutlich wird.
Wenn gewünscht, kann folgender Gedankenimpuls dabei helfen, noch weiter zu denken und über die Ursachen für die spezifische Ausprägung der Protesthaltung bei den jungen Leuten in der Erzählung zu reflektieren.

- *Stellen Sie Vermutungen darüber an, welche strukturellen (politischen, sozialen, historischen, gesellschaftlichen) Gegebenheiten das Lebensgefühl und das Selbstbild der Künstlerclique mit beeinflusst haben könnten. Beurteilen Sie darüber hinaus auch, ob die Autorin mit ihrer Darstellung der Clique den „Sound ihrer Generation", wie es der Kritiker Hellmuth Karasek behauptet hat, getroffen hat.*

An dieser Stelle könnten die Lernenden mutmaßen, dass die Künstlerclique durch das urbane Milieu Berlins beeinflusst ist. Weiterhin liegt es angesichts der Wohn- und Arbeitsbedingungen nahe, die Personen der Clique im studentischen Milieu zu verorten. Die DDR als System ist zusammengebrochen, ohne dass die deutsch-deutsche „Wende" die Hoffnungen und Sehnsüchte der ostdeutschen Bürger hätte erfüllen können. Aufbrechende gesellschaftliche Strukturen eröffnen Raum für Neues, bedeuten aber auch den Verlust des Alten und Vertrauten. Eine Suchbewegung danach, wie ein erfülltes und gleichzeitig freies Leben aussehen kann und wie man persönlich leben will, kann daraus resultieren und bei dem einen Glücksgefühle, bei einem anderen jedoch auch Orientierungsverlust auslösen.

Eine mögliche Weiterführung oder Vertiefung der Arbeit kann darin bestehen, sich unter den erarbeiteten inhaltlichen Voraussetzungen näher mit dem Motiv der entmieteten Familie, insbesondere des hartnäckig die Renovierungsarbeiten begleitenden und schweigenden Kindes zu beschäftigen. Dabei sollte deutlich werden, dass sich hinter dem Schicksal der

Figuren ein soziales Problem verbirgt, auf das die übrigen Figuren nicht nur keine Antwort haben, sondern auch kaum reagieren. Während Stein als neuer Besitzer sich ihnen gegenüber verständnisvoll, aber auch nicht weiter hilfsbereit zeigt, findet die Ich-Erzählerin sie schlicht „ekelhaft“ (S. 100, Z. 231 f.). Dies kann einerseits auf eine Weigerung, sich mit „fremden“ Problemen und sozialen Fragen zu befassen, hinweisen, zugleich aber auch eine unbewusste Ablehnung der Lebensform „Familie“ zum Ausdruck bringen.

Die Lernenden erhalten folgende Aufgabe:

- *Erarbeiten Sie, was über das Kind, welches zuvor in dem Haus gewohnt hat, ausgesagt wird und wie Stein und die Ich-Erzählerin auf das Kind reagieren (vgl. S. 100, Z. 204 – 233; S. 102, Z. 405 – 414).*
- *Beurteilen Sie anhand Ihrer Befunde die mögliche Bedeutung und erzählerische Funktion des Kindes.*

Eine mögliche Lösung könnte in einem knappen Tafelbild gesichert werden:

Das Kind und seine mögliche Bedeutung

- musste mit seinen Eltern auf Druck des Vermieters aus dem Westen (!) das Wohnhaus räumen und lebt seither in einem „Sechziger-Jahre-Flachbau“ (S. 100, Z. 198 f.)
- ist blass, kümmerlich und weint viel, wird von der Ich-Erzählerin als „ekelhaft“ (S. 100, Z. 231 f.) bezeichnet
- nimmt als stiller Zeuge eine Beobachterrolle bei den Renovierungsarbeiten ein und ist stets präsent

- Symbol für soziale und gesellschaftliche Probleme einerseits und für das traditionelle Leben im Familienverbund andererseits
- abwehrend-abwertende Haltung der Ich-Erzählerin als Zeichen für Abwehr von Verantwortung, Indifferenz und Unfähigkeit zur Empathie

Ein möglicher Abschluss und eine Vertiefung der Auseinandersetzung kann durch Formen produktionsorientierten Schreibens erreicht werden, etwa indem die Lernenden sich kritisch mit der These Karaseks, wonach sich in diesen fiktiven Personen der „Sound einer Generation“, in deren Nähe sie sich selbst zeitlich auch befinden, spiegelt. Besonders fruchtbar und auch persönlich bedeutsam kann eine solche Auseinandersetzung dann werden, wenn es nicht nur um eine abstrakte Zustimmung zu oder Ablehnung der These geht, sondern auch darum, welche Momente für ihr eigenes Lebensgefühl prägend sind und welche Wertvorstellungen sie selbst haben.
Folgende Aufgabenstellung ist denkbar:

- *Der Literaturkritiker Hellmuth Karasek hat die Bedeutung der Figuren in Judith Hermanns Erzählung darin gesehen, dass sie in ihnen den „Sound ihrer Generation“ eingefangen habe. Setzen Sie sich als heutige Jugendliche kritisch mit dieser These auseinander und versuchen Sie dabei auch, den „Sound“ Ihres eigenen Lebensgefühls einschließlich Ihrer Wertvorstellungen zu beschreiben. Sie dürfen dabei Ihre Überlegungen auch kreativ umsetzen, z. B. in Form einer Collage oder einer Zeichnung, in einem YouTube-Video/ Musikvideo, einer Szene, einem Gedicht, einer Erzählung etc.*

2.5 „Später" – Signatur eines verfehlten Lebens

Der Titel der Erzählung, in welchem zugleich das buchstäblich letzte Wort enthalten ist, stellt in gewisser Weise eine Rahmung des Textes und damit zugleich eine Leserlenkung dar. Das „Später" stellt das heimliche Lebensmotto bzw. eine Signatur dar, wonach die Ich-Erzählerin ihr Handeln oder besser ihre Weigerung zu handeln ausrichtet. Dass darüber, Entscheidungen immer weiter in die Zukunft zu vertagen, Möglichkeiten unwiederbringlich verloren gehen und somit aus dem „Später" letztlich ein „Nie" wird, dessen ist sich die Ich-Erzählerin jedoch nicht bewusst. Auch nach dem Abbrennen des Hauses und dem Wegzug des ehemaligen Geliebten vollzieht sich in ihrem Denken und Fühlen keine Zäsur oder eine Wendung. Alles bleibt beim Alten.

Dabei klafft bei der Lektüre eine fast schmerzhafte Diskrepanz auf zwischen der Wahrnehmung des Lesers im Hinblick auf die unterschwellig spürbare positive Resonanz der Ich-Erzählerin auf Steins werbende Postkarten und ihrer Tatenlosigkeit, die schließlich die Option auf ein gemeinsames Leben in dem Sommerhaus zerstört.

Die Rechtfertigung, mit der die Ich-Erzählerin ihr eigenes Gewissen beruhigt – ihr Beschluss, auf einen Imperativ von Stein zu warten (vgl. S. 102, Z. 476 f.) –, erscheint dem Leser zu Recht fadenscheinig und nur dazu da, um die Gründe für die eigene Passivität von innen nach außen zu verlagern und somit erneut in eine Abwehrhaltung zu gehen.

Der Leser kann aufgrund der Textsignale jedoch mutmaßen, dass Stein und die Ich-Erzählerin noch immer Liebe verbindet und dass hier die Chance auf Glück vertan wird. Dies liegt an dem narrativen „Trick", eine Erzählerin einzusetzen, die über sich selbst einerseits wenig weiß und die dennoch auf körpersprachlicher und gedanklicher Ebene verräterische Impulse in diese Richtung aussendet.

Für die Leserinnen und Leser bleibt am Schluss der Erzählung deshalb vor allem ein Gefühl des Bedauerns haften – über das nicht realisierte Liebesglück, über den Sieg der Indifferenz sowie über die endgültige Trennung, die durch den Wegzug Steins aus Berlin nicht mehr reversibel erscheint. Somit versetzt der Text den Leser zum Ende hin in einen paradoxen Zustand: Während die Figuren eher gleichgültig agieren, wird im Leser umso stärker ein Gefühl des Bedauerns und damit auch eine letztlich empathische, ethische Haltung erzeugt: „Das Erschrecken über das Misslingen von Beziehungen sowie von Leid und Gewalt wird aus den Texten heraus in den Leser verlagert, indem es angedeutet, an den Figuren aber kaum ablesbar wird. [...] Das ‚Verlorene[] Ich'[1] (Gottfried Benn) ist Ausgangspunkt der Narration, nicht Gegenstand einer Klage, ebenso wie der sich selbst und seiner Lebenswelt fremd und distanziert gegenüberstehende und zugleich in sie verstrickte Einzelne. [...] Ausgehend von diesem – illusionslos, nüchtern und ohne nostalgische Hoffnung auf Rückgewinnung – konstatierten Faktum [geht es in dem Text darum], Positionen und Perspektiven von Subjektivität auszuloten. [Der] Akzent liegt auf einer ethischen Problematisierung der Distanz: [Der Text] fokussier[t] die Schwierigkeit [der Protagonistin], sich zu sich selbst und zu ihrer Lebenswelt zu verhalten – die Pluralität und die vorgefertigten Bilder und Strukturen sowie die dominante Prägung und Vereinnahmung wahrzunehmen und doch in Beziehung zu treten, teilzunehmen und Möglichkeiten der Aneignung zu suchen, situativ Stellung zu beziehen und einzugreifen."[2]

Unter didaktischer Perspektive ist es reizvoll, genau hier, an dieser Spannung zwischen dem Empfinden des Lesers und dem Empfinden der Figuren, anzusetzen und den Schülerinnen und Schülern den Raum zu geben, sich hierzu zu äußern, indem sie das Geschehen sowie das Verhalten der Ich-Erzählerin kommentieren. Dafür wird eine produktionsorientierte Schreibform, etwa in Form eines Briefes, als eine geeignete Ausdrucksform angesehen.

---

1 Benn, Gottfried: Verlorenes Ich. In: Ders.: Gesammelte Werke in zwei Bänden. Band 1. Hg. v. Dieter Wellershoff. Wiesbaden: Limes 1973, S. 215

2 Sander, Julia Catherine: Zuschauer des Lebens. Subjektivitätsentwürfe in der deutschsprachigen Gegenwartsliteratur. Bielefeld 2015, S. 300 f.

Die Schülerinnen und Schüler erhalten folgende Aufgabe:

- *Die Erzählung endet mit dem Begriff „später". Was löst dieses Ende bei Ihnen aus? Machen Sie sich Ihre Gefühle und Gedanken in Bezug auf die Ich-Erzählerin bewusst. Formulieren Sie dann davon ausgehend einen Brief an sie.*

Die Präsentation der Briefe kann zunächst sehr offen und möglichst unter Einbeziehung vieler verschiedener Texte erfolgen. In einem sich anschließenden reflektierenden Unterrichtsgespräch können folgende Impulse helfen, das, was mit den Schülerinnen und Schülern sehr wahrscheinlich geschehen ist, zu reflektieren. Es ist anzunehmen, dass sie sich involviert fühlen und der Ich-Erzählerin und ihrer Passivität gegenüber kein Verständnis haben.

- *Beschreiben Sie den „Grundton" Ihrer Briefe. Welche Gefühle und Gedanken sind prägend gewesen? Woher rührten diese bei Ihnen?*
- *Vergleichen Sie die emotionale Haltung, die in den Briefen deutlich wird, mit der, die die Ich-Erzählerin an den Tag legt. Was fällt auf?*
- *Beurteilen Sie, ausgehend von unseren eigenen Erfahrungen mit dem Text, folgendes Zitat:*

  „Das Erschrecken über das Misslingen von Beziehungen sowie Leid und Gewalt wird aus den Figuren heraus in den Leser verlagert, indem es angedeutet, an den Figuren aber kaum ablesbar wird."
  (Julia Catherine Sander)

- *Worin besteht, wenn der Sachverhalt zutrifft, die Leistung der Erzählung?*

Um die Auseinandersetzung mit der Erzählung abzuschließen, bietet es sich an, ein Interview mit der Autorin Judith Hermann hinzuzuziehen, in welchem sie sich einerseits über den Schreibprozess und ihr Verhältnis zu ihren Texten und andererseits auch explizit zur Erzählung „Sommerhaus, später" äußert. Interessant ist dabei vor allem ihre Verhältnisbestimmung zwischen ihrer Wahrnehmung und Deutung gesellschaftlicher Prozesse, ihrer eigenen Person und Schreibmotivation und den fiktiven Figuren, die im Grunde von beiden anderen Elementen der Wirklichkeit beeinflusst sind und daraus gespeist werden. Dabei geht es Judith Hermann nicht um ein bloßes Abbilden von dem Eigenen und dem Beobachteten in mimetischem Sinne, sondern eher um ein Nebeneinander von intuitivem Erspüren und dem Impuls, gegen das eigene Gefühl anzuschreiben.
Somit lohnt sich eine Bearbeitung des Interview-Textes einerseits, um die Erzählung inhaltlich nochmals zu erhellen, und andererseits im Hinblick auf eine mögliche Antwort auf die Frage, was literarische Fiktion ist und was sie leistet.
Die Schülerinnen und Schüler erhalten das **Arbeitsblatt 2**, S. 91 ff., mit dem Interview (in Auszügen abgedruckt) und erarbeiten den Inhalt unter folgender Aufgabenstellung:

- *Arbeiten Sie aus dem Interview die Aussagen Judith Hermanns über die Protagonisten ihrer Erzählung „Sommerhaus, später" heraus.*
- *Untersuchen Sie das hier dargestellte Verhältnis zwischen der Person der Autorin, der Welt, wie sie sie wahrnimmt, und den von ihr erfundenen fiktiven Figuren. Sie können dieses Verhältnis auch in Form einer Grafik darstellen.*
- *Beurteilen Sie, welchen Wert die literarische Fiktion in der Erzählung „Sommerhaus, später" für Sie als Leser hat. Was nehmen Sie persönlich aus der Lektüre „mit"?*

Die Ergebnisse zu Aufgabe 2 können in Form eines Tafelbildes gesichert werden:

Die literarischen Figuren im Spannungsverhältnis zwischen äußerer Wirklichkeit und innerem Empfinden der Autorin – Aussagen aus einem Interview

Äußere Wirklichkeit: Umfeld der Autorin
- Beobachtungen an den Menschen:
  Leben in einer Spannung zwischen Hoffnung und Hoffnungslosigkeit, Sentimentalität und Emotionslosigkeit

Die Autorin J. Hermann und ihr Lebensgefühl
- Schreiben → Hingabe an das Gefühl und gleichzeitige Distanzierung davon im Schreibprozess
- indifferentes Verhältnis zur Zeit; gefühlte Unfähigkeit, sich in der Gegenwart zu verankern

Elemente der Wirklichkeit als Inspirationen für die literarische Fiktion

Die literarischen Figuren
- „gepanzerte" Figuren: Emotions-, Verantwortungs- und Widerstandslosigkeit als Schutz für ein eigentlich empfindsames und brüchiges Selbst
- schizophrene Haltung: Gefahr des Versinkens in die Indifferenz bei gleichzeitiger Sehnsucht nach einem geordneten Leben

2.6 Die Erzählung im Vergleich mit der Novelle „Die Marquise von O." von Heinrich von Kleist

Judith Hermanns Erzählung „Sommerhaus, später" stellt im Bereich des Grundkurses neben der Novelle (bzw. Erzählung) „Die Marquise von O." von Heinrich von Kleist eine Vorgabe für das Zentralabitur in NRW für 2019 dar. Insofern sollen an beiden Texten exemplarisch Merkmale der jeweiligen Textformen und Epochen erarbeitet werden, sodass die Schülerinnen und Schüler zunehmend Sicherheit darin gewinnen, sich literargeschichtlich zu orientieren und Texte miteinander in Bezug zu setzen und kriteriengeleitet zu vergleichen.
Im Falle der beiden Texte ist zunächst auffällig, dass beide eine weibliche Protagonistin in den Mittelpunkt stellen, die prototypisch auf Tendenzen der jeweiligen Zeit und Gesellschaft hinweist. Die Marquise, die ungewollt und unbewusst schwanger Tabus der Gesellschaft bricht und einen beinahe aussichtslosen inneren Kampf zwischen Fremd- und Selbstbestimmung ausficht, verweist dabei gleichermaßen auf ein problematisches Frauenbild wie auch auf die Doppelmoral von Gesellschaft und Familie. Die Ich-Erzählerin bei Judith Hermann hat dagegen alle sexuellen Freiheiten, ist dennoch aber offenbar unfähig zu einer selbstbestimmten Entscheidung in Liebesfragen. Beide Frauen, die in völlig unterschiedliche historische, soziale und gesellschaftliche Kontexte eingewoben sind, finden dabei trotz ihrer Chancen oder einiger Ansätze zur Autonomie letztlich nicht zu sich selbst. Die Ehe zwischen dem reuigen Vergewaltiger und der Marquise am Ende, die vordergründig zunächst als „Happy End" präsentiert wird, kann der Leser angesichts der erzählerischen Ironie zwar als Symptom für die Wiedereingliederung der Marquise in die soziale Ordnung verstehen, sie bedeutet aber gleichzeitig auch einen Rückschritt im Hinblick auf die Entwicklung einer selbstbe-

stimmten Identität. Symptome dafür, dass sich nicht nur die weiblichen Hauptfiguren, sondern auch die übrigen Protagonisten beider Texte aus unterschiedlichen Gründen in konflikthaften und emotional aufwühlenden Situationen befinden, die sie nicht beherrschen, sind ihre Sprachlosigkeit und die auffällig hilflose Körpersprache. Wie das „Paar" (der Graf und die Marquise) häufig erröten oder erbleichen, so drücken auch die Ich-Erzählerin und Stein das, was sie fühlen, nur mithilfe von körperlichen Gesten (Hüftschwung Steins, Händchenhalten) aus. Dass sie nicht aussprechen können, was sie bewegt, liegt an gesellschaftlichen Tabus (bei Kleist) und psychischen Prozessen der Verdrängung (bei beiden) und hindert die Protagonisten an der Entfaltung von Freiheit und dem Erleben von Glück. Weil Heinrich von Kleist wie auch Judith Hermann mit der Gestalt der Marquise bzw. der Ich-Erzählerin eher problematische denn erfreuliche Aspekte thematisieren, liegt bei beiden Texten eine gesellschaftskritische Lesart nahe.
Weitere ergiebige Vergleichskriterien können im Hinblick auf die sprachliche und formale Gestaltung ausgemacht werden. Dabei lässt sich insbesondere im stilistischen Bereich zwischen der ausgefeilten hypotaktischen Syntax bei Kleist und der eher parataktisch und elliptisch gestalteten Syntax bei Hermann ein auffälliger Unterschied ausmachen, welcher auch in einem Zusammenhang mit dem auktorialen Er-/Sie-Erzähler bei Kleist und der Ich-Erzählform bei Hermann gesehen werden muss. Die feinsinnige Ironie, die der Leser bei der Lektüre von Kleists Novelle aufdecken und verstehen muss, um zu tieferen Bedeutungsschichten vorzudringen, steht ein auch sprachlich dargestelltes radikal subjektives Erleben einer Figur gegenüber, die vielfach Momente der Hilflosigkeit bis hin zum Gefühl des Selbstverlusts erlebt. Der Anspruch für den Leser besteht hier nicht wie bei Kleist darin, erzählerischen Feinheiten, komplexen Satzstrukturen oder Doppelbödigkeiten auf die Spur zu kommen, sondern darin, die Zusammenhänge hinsichtlich des Bewusstseins der Ich-Erzählerin herzustellen, die diese selbst nicht sehen kann oder will. Dieser Unterschied verweist neben der äußeren Form (der eher formstrengen Novelle steht eine sehr frei gestaltete Erzählung Hermanns gegenüber) auf Entwicklungstendenzen von erzählender kürzerer Prosa überhaupt: Historisch ist im Hinblick auf die deutsche Literatur eine Abwendung von der Novellenform zugunsten der Kurzgeschichte etwa seit Ende des Zweiten Weltkrieges zu verzeichnen.[1]

Im unterrichtlichen Prozess ist es je nach Zeitbudget und Lernstand möglich, die Schülerinnen und Schüler zunächst selbst Kriterien für einen Vergleich der Texte finden zu lassen, an denen sie im Anschluss daran weiterarbeiten. Folgender Arbeitsauftrag ist möglich:

- *Im Unterricht haben Sie nun mit Judith Hermanns „Sommerhaus, später" und „Der Marquise von O." von Heinrich von Kleist zwei erzählende Texte von eher geringerem äußeren Umfang kennengelernt. Sie sollen die beiden Texte miteinander vergleichen. Finden Sie dazu zunächst in Partnerarbeit ergiebige Kriterien, die ihnen anschließend dabei helfen können, Gemeinsamkeiten und Unterschiede zwischen den Texten festzumachen.*

Nachdem Kriterien gefunden und auf Ergiebigkeit hin geprüft wurden, sollten die Lernenden nun an vier bis fünf selbst gewählten Kriterien weiterarbeiten. Folgende Aufgabenstellung bietet sich an:

- *Wählen Sie vier bis fünf Kriterien, an denen Sie in Partnerarbeit weiterarbeiten wollen. Dabei sollten Sie sowohl sprachlich-formale als auch inhaltliche Vergleichskriterien bearbeiten. Halten Sie Ihre Ergebnisse in Form einer Tabelle fest.*

[1] Vgl. dazu auch das Arbeitsblatt „Was ist eine Novelle? Zum Gattungsbegriff", S. 44 f.

Folgende Ergebnisse, die hier der Übersicht halber tabellarisch dargestellt werden, sind denkbar. Dabei besteht kein Anspruch auf Vollständigkeit. Die Tabelle kann auch um Kriterien erweitert, variiert oder auch gekürzt werden.

Vergleichskriterium	**H. Kleist, Die Marquise von O.**	**Judith Hermann, Sommerhaus, später**
Gattung/Textart	*Novelle bzw. Erzählung*	*Erzählung*
Erzählweise	auktoriale Er-/Sie-Erzählform, Bemühen des Erzählers um Objektivität, dennoch ironische und wertende Einschübe	Ich-Erzählform, dabei Unklarheit der Ich-Erzählerin über ihre eigenen Gefühle und Ziele
Handlungsführung	Zeitsprünge (Gegenwart – Rückblende – Gegenwart), Ortswechsel	Zeitsprünge (Gegenwart, durchbrochen von Erinnerungen an das Frühere)
Protagonistin	die Marquise: Frau in verschiedenen Rollen (Opfer einer Vergewaltigung, Tochter, Mutter, umworbene Braut)	die Ich-Erzählerin als äußerlich freie Bohèmien, die innerlich jedoch latent traurig ist und sich nicht emotional binden kann oder will
Merkmale anderer Figuren	Sprachlosigkeit und extreme Gefühle, rührend aus Tabuverletzungen und Verdrängung	Sprachlosigkeit und wechselnde Gefühle (alles überlagernde Gleichgültigkeit, aber auch Sehnsucht und Liebe)
Mann-Frau-Beziehung	ambivalente Beziehung (dargestellt an der Engel-Teufel-Dichotomie); Vergewaltiger – Opfer, später Freier – umworbene Braut und schließlich Eheleute	unterdrückte und verdrängte Liebesgefühle nach beendeter partnerschaftlicher Beziehung aufseiten der Ich-Erzählerin und intensives Werben Steins (später radikale Aufgabe der Möglichkeit einer gemeinsamen Zukunft)
Symbole	Engel-Teufel-Motive und der Schwan als Hinweis auf das Verwischen der Grenzen zwischen Schuld und Unschuld, Gut und Böse	das Sommerhaus als Symbol der Möglichkeit von Partnerschaft und einer gemeinsamen Zukunft
Sprache	Ambivalenz zwischen Formwillen und Sprachskepsis; hypotaktischer Satzbau mit eigenwilliger und nach rhythmischen Gesichtspunkten angelegter Interpunktion; Ironie; Kunst der Andeutung und Auslassung	überwiegend parataktische Syntax und gehäufte Ellipsen als Ausdruck des reduzierten Gefühlslebens der Ich-Erzählerin; Direktheit und Offenheit (statt Andeutung) bei der Schilderung des Geschehens
Gesellschaftskritik	Kritik an der Rolle der Frau in der Gesellschaft und der Doppelmoral des Adels	Kritik an Indifferenz und latenter Depression; an der Weigerung zu einem verantwortlichen und selbstbestimmten Leben
Themen	Frage nach dem Menschen und seiner Prägung (z. B. durch Krieg, Familie und Gesellschaft)	Frage nach der Möglichkeit oder Unmöglichkeit von Liebe; Ängste und Sehnsüchte von Menschen; Scheitern

Ein sinnvoller Abschluss der Erarbeitung besteht in der Verschriftlichung der Ergebnisse, die etwa im Rahmen einer Hausaufgabe geleistet werden kann.

Lebens- und Wertvorstellungen junger Menschen im Spiegel zeitgenössischer Literatur

Juli Zeh: Unterleuten (Auszug)

[...] Linda war zu gut drauf, um sich von Frederiks Griesgrämigkeit die Laune verderben zu lassen. Sie genoss das Gefühl, in einem neuen Universum mit eigenem Energiehaushalt unterwegs zu sein. Seit sie in Unterleuten wohnte, war sie zu einem echten Mover im Sinne von Manfred Gortz[1] geworden. Das lag an Objekt 108. Inzwischen wusste Linda, wie stark Grundbesitz das gesamte Lebensgefühl veränderte. Eigentlich gehörte sie zu einer Generation, deren turnschuhtragenden und Sushi-essenden Vertretern schon der Besitz einer Hauskatze als unerträgliche Verantwortung erschien. „Haus bauen, Baum pflanzen, Kind zeugen" war kein Glücksrezept mehr, sondern eine Horrorvision. Die Ewigpubertierenden wollten sich alles offenhalten und wunderten sich dann über Orientierungslosigkeit.

Linda hingegen hatte eine Entscheidung getroffen. Ein Haus verwandelte das beängstigende Möglichkeitenlabyrinth der Zukunft in überschaubares Terrain. Ein Haus beantwortete die Frage nach dem „Wo" und damit auch Teile der Fragen nach „Was", „Wie" und „Warum". Das Land, auf dem das Haus stand, wollte bewirtschaftet und verteidigt werden. Land verlangte nach Expansion. Land brachte Menschen zusammen und verheiratete Nachbarn zu vielköpfigen Zwangsehen. Inzwischen glaubte Linda, dass das menschliche Schicksal nicht an Gott, sondern am Grundbesitz hing. Transzendentale Obdachlosigkeit war keine Folge des Religionsverlusts, sondern der Inflation von Mietwohnungen. Sie war stolz darauf, mit ihrer großen, heruntergekommenen Villa ein Bollwerk gegen den Zeitgeist zu errichten.
Objekt 108 war ein Aussichtsturm, von dem aus sie in die Zukunft blicken konnte, und was sie dort sah, gefiel ihr immer besser.

Aus: Juli Zeh: Unterleuten. München: Luchterhand Literaturverlag 2016

1. *Arbeiten Sie aus dem Text heraus, welche Konnotationen mit der Vorstellung von Grundbesitz und einem Haus bei der Erzählerin Linda Franzen einerseits und bei den Menschen ihrer Generation andererseits verbunden sind.*
2. *Stellen Sie einen Bezug zwischen den Aussagen über die junge Generation und der Darstellung der Ich-Erzählerin in Judith Hermanns Erzählung „Sommerhaus, später" her. Welche Schlüsse lassen sich daraus ziehen?*
3. *Beurteilen Sie, inwiefern tatsächlich ein Paradigmenwechsel bzgl. der Wertvorstellungen „Baum pflanzen, Haus bauen, Kind zeugen" von einem „Glücksrezept" zu einer „Horrorvorstellung" von früheren zu heutigen Generationen stattgefunden hat.*

[1] Die Autorin bezieht sich hier auf ein Werk, das unter dem Pseudonym „Manfred Gortz" erschienen und eigens als Referenztext für den Roman „Unterleuten" vermutlich von der Autorin selbst verfasst wurde. Es handelt sich dabei um eine – nicht von allen Lesern auch so verstandene – Satire auf einen radikal erfolgs- und leistungsorientierten, am Kapitalismus orientierten Lebensentwurf. Diejenigen, die rücksichtslos ihr Ziel verfolgen und es erreichen, nennt der fiktive Autor Gortz (bzw. die reale Autorin Zeh) „Mover" und definiert diesen Menschentyp wie folgt: „Ein Mover ist ein Mensch, der etwas bewegt. Zuallererst sich selbst."

Best.-Nr. 022693

Eine andere Art von Rückblick

Gespräch mit Judith Hermann über „Sommerhaus, später“ (geführt von dem Literaturwissenschaftler Matthias Prangel)

Frau Hermann, es existiert bislang mit „Sommerhaus, später“ nur ein einziges Buch von Ihnen. Über das vor allem möchte ich mit Ihnen reden. In gewisser Weise sind alle Stücke dieses Erzählungsbandes ganz unspektakulär. Sie sind langsam, retardiert erzählt, arm an äußerer Handlung und dramatischer Spannung, Geschichten, die irgendwo beginnen und irgendwo aufhören und im Bereich der Beliebigkeit angesiedelt sind. Andererseits – so jedenfalls empfinde ich es – eignet ihnen allen eine enorme innere Spannung. Unter ihrer unscheinbaren Oberfläche bebt beständig der Boden und zwischen ihren Personen zittert die Luft. Spiegelt sich in solcher Mischung aus äußerer Banalität und innerer Erregung ein Wissen vom Leben, das die zur Entstehungszeit der Texte um die 27 Jahre alte Judith Hermann bereits hatte?

Wenn, dann wohl nur geahnt, empfunden, aber nicht für mich selber auch ausgesprochen und reflektiert. Ich glaube, ich habe versucht, über das Leben, also meines, und das Leben der Menschen, mit denen ich zusammen bin, so zu schreiben, wie ich es empfinde. Mit den Hoffnungen und Hoffnungslosigkeiten, mit den Sentimentalitäten und Emotionslosigkeiten, die ich erlebt habe und in denen ich zu der Zeit gesteckt habe. Es hat also schon etwas mit meinem Lebensgefühl und mit meiner Lebenssituation zu tun. Aber ich würde nicht sagen, dass es ein reflektiertes Lebensgefühl ist, ein wirkliches Wissen über das Leben. Eher etwas Intuitives und ganz Unbewusstes, vielleicht so etwas wie eine grundsätzliche intuitive Haltung gegenüber dem Leben, die da in den Geschichten spricht.

Die Geschichten, an wie unterschiedlichen Orten (St. Petersburg, New York, eine Insel in der Karibik, Berlin und Berliner Umland) sie sich abspielen und wie unterschiedlicher erzählerischer Praktiken sie sich bedienen, sie scheinen in der Tat alle miteinander verbunden zu sein durch Menschen, die durch ein ganz ähnliches Lebensgefühl, durch eine ganz ähnliche emotionale Befindlichkeit geprägt sind. In dem Sinne ließe sich sagen, dass Sie zwar keine politischen, jedoch eminent gesellschaftliche Texte geschrieben haben, Texte nämlich, die möglicherweise geradezu paradigmatisch den geistigen Zustand dieser unserer Zeit ins Licht rücken. […] Geht es da um eine Befindlichkeit, möglicherweise eine postmoderne Befindlichkeit nach dem Ende aller Eindeutigkeiten, zu der Sie sich in einer eher affirmativen oder einer eher kritisch distanzierten Affinität verhalten? […]

Ich glaube, einerseits bin ich genau, wie meine Figuren sind, andererseits bin ich aber auch ihr ganzes Gegenteil. Ich bin eigentlich in dem Moment, in dem ich anfange zu schreiben und in dem ich eine Geschichte im Kopf habe, einem Moment, von dem ich erzählen möchte, emotional völlig aufgelöst, ganz und gar hingegeben an ein Gefühl, an eine Sentimentalität, an etwas Vergangenes, an die Liebe oder an die Unmöglichkeit der Liebe. Ich bin in einem Zustand der völligen Auslieferung an das Gefühl. Aber ich weiß gleichermaßen, wenn ich die Geschichten so schreiben würde, wie ich mich in dem Moment fühle, wie ich den Moment empfinde, um den es mir in der Geschichte gehen soll, dass das nicht möglich wäre. Ich könnte die Geschichte so nicht schreiben, und niemand könnte sie lesen. Es käme etwas unerträglich Schlechtes dabei heraus, weil ich überborden würde vor Sehnsucht und Gefühl. Also schreibe ich genau gegen dieses Gefühl an. Schreiben bedeutet für mich, gegen meine eigene Sentimentalität und gegen meine Hingabe anzuschreiben. Die Figuren haben dann gewissermaßen einen Panzer um sich, was dann oft dazu führt, dass man sie beim ersten Lesen als so emotionslos, verantwortungslos und ohne Widerstand, so kühl und fast schon zynisch empfinden kann. Aber das sind sie nicht wirklich. Sie sind es an der Oberfläche, und das ist der Weg, auf dem sie durchs Leben gehen und die Dinge aushalten können. Darunter aber sind sie aufgebrochen und empfindsam, haben den Wunsch und die Sehnsucht nach einem ganz anderen Leben. Ich glaube, genau in dieser Mitte stehe ich auch selber. Die Figuren sind immer ein bisschen so, wie ich mir wünschte, sein zu können. Diese Gelassenheit, die sie oftmals haben, wenn sie dastehen und warten – wenn das eine nicht geht, wird das andere gehen –, die hätte ich selber gerne oft und habe sie doch nicht. Alles in allem sind mir meine Figuren sehr nah. Mir haben Kritiker manchmal vorgeworfen, ich würde sie, indem ich sie so auf die Bühne stelle, bloßstellen, preisgeben und schonungslos nackt darstellen. Darüber war ich ganz betroffen, da ich dachte, dass ich doch eigentlich jede einzelne der Figuren sehr liebe und schützen möchte und sie

Best.-Nr. 022693

für den Leser ganz vorsichtig ins Öffentlichkeitslicht gestellt habe. [...]

[S]tärker zur Kontingenzproblematik hin verschoben [...] scheinen mir die Dinge bei Stein in der Titelerzählung des Bandes zu liegen. Auch er unstet, unterwegs, scheinbar ziellos, wohnungslos, sich auf dem Prenzelberg von der einen Bleibe zur nächsten vögelnd – und das nicht aus Not, sondern aus Prinzip. Ein Leben auf Abruf unter der Maxime: „Das hier ist eine Möglichkeit, eine von vielen. Du kannst sie wahrnehmen, oder du kannst es bleiben lassen. Ich kann sie wahrnehmen oder abbrechen und woanders hingehen. [...] Spielt keine Rolle." Das klingt so herrlich geräumig, weltoffen, liberal, ungebunden. Doch Stein scheitert. Am Ende ist nichts, weder das Sommerhaus noch der Mensch, mit dem er es hätte bewohnen können. Ist Ihnen die Kontingenz der Wirklichkeit eher positiv zu verstehende Herausforderung oder Gefahr des Versinkens in der Indifferenz?

Ich muss dazu sagen, dass Stein eine meiner Lieblingsfiguren ist. Dieser Moment, in dem er schildert, dass sie da vor einer Möglichkeit stehen, das ist ein Moment, in dem er nicht sagt, was er fühlt. Ich habe es schon so gedacht, dass er unterschwellig auf einer zweiten Ebene sagt: Nutze die Möglichkeit für dich und für mich. Es ist eigentlich eine Liebeserklärung, die er da auf eine sicherlich sehr umständliche und verquere Art und Weise macht. Aber ich hätte mir doch gewünscht, dass deutlich wird, dass es für ihn im Moment, in dem er das sagt, nur eine Möglichkeit gibt, dass die Ich-Erzählerin nämlich mit ihm in diesem Haus bleibt. Er bietet ihr zwar zur Entscheidung an, dass man bleiben oder gehen könne, machen könne, was man will. Was er nicht sagt, aber wohl fühlt, ist, dass er diese eine Möglichkeit gerne hätte, dass sie sich auch für diese Möglichkeit entscheiden würde. Doch er ist nicht in der Lage, das zu sagen. Am Ende der Geschichte scheitert er natürlich. Die von ihm angebotene Möglichkeit wird nicht wahrgenommen, aber er ist – und deswegen ist er für mich eben wirklich ein Held – die einzige Figur dieser Geschichte, die etwas entscheidet. Und Entscheidung ist, wenn man sie denn gefällt hat, immer mit einer großen Freiheit verbunden. Er ist derjenige, der geht, weil er nicht erhört worden ist. Nachdem er lange genug gewartet hat, dass sie kommt, zündet er am Ende das Haus an. Er verlässt seine Möglichkeiten, geht und wird neue Möglichkeiten finden und sich dem stellen. Das ist eine Entscheidung. [...]

Zum Verhältnis Ihrer Personen zur Zeit, zur Lebenszeit, die vor ihnen liegt. Vor allen Menschen liegt diese Zeit ja als etwas, wozu man sich so oder so verhalten kann. Bei all Ihren Figuren habe ich den Eindruck, und bei manchen wird das auch ganz konkret formuliert, dass es da um eine Bürde geht, nicht um einen Stimulus, den man freudig ergreift. Zeit als etwas, was man, der Notwendigkeit gehorchend, leidsam irgendwie hinter sich zu bringen versucht. Ist das so richtig gesehen?

Ich selber kann sehr schlecht damit umgehen, dass Zeit vergeht. Ich habe immer das Gefühl, ich bewege mich mein ganzes Leben lang mit dem Rücken zur noch vor mir liegenden Zeit, bin immer rückwärts gerichtet. Ich will permanent zurück in das, was war, und versuche eben, das zu verstehen oder zu werten oder einzuordnen oder mich darin zu sehen. Dann vermisse ich unglaublich viele Dinge, die waren, und habe das Gefühl, dass das, was war, immer besser war als das, was ist und sein wird. Ich habe es schwer, mich in der Gegenwart fest zu verankern, und habe es noch schwerer, mir die Zukunft irgendwie vorzustellen. Es kann sein, dass ich den Figuren des Buches das aufgebürdet habe. Manchmal sind sie dem Vergehen der Zeit gegenüber sehr unempfindlich und verhalten sich, als hätten sie alle Zeit der Welt. So etwa die Ich-Erzählerin in „Sommerhaus, später", als würde sie nicht begreifen, dass es zumindest mit Stein kein später mehr gibt, die Geschichte vielmehr vorbei ist. Sie ist so geübt darin, sich durchs Leben zu changieren, dass sie ganz zum Schluss, wenn alles schon gelaufen ist, immer noch denkt, sie würde noch einmal die Möglichkeit haben, sich für Stein zu entscheiden. Doch das stimmt nicht. Diese Möglichkeit gibt es ein für allemal nicht mehr. [...]. Es ist wahrscheinlich mein eigenes indifferentes Verhältnis zur Zeit, manchmal mein Wunschverhältnis zur Zeit, manchmal mein direktes Verhältnis zur Zeit, das auf die Figuren aufgeteilt ist.

Es will mir scheinen, und Sie deuteten es ja vorhin auch selber schon an, als verberge sich hinter all der äußerlich zur Schau getragenen Indifferenz, Gleichgültigkeit, Coolheit Ihrer Personen dennoch etwas Utopisches: Wünsche nach fester Bindung an Personen, Ehe, der liebevollen Geste, der Verständigung, dem Sommerhaus, auch wenn all diese Wünsche ausnahmslos zusammenbrechen. Bedeutet dies, dass es ohne das alles eben doch nicht geht und dass die postmoderne Befindlichkeit der Beliebigkeit, der die meisten von uns schon in irgendeiner Weise verfallen sind, alles andere als ins Glück führt?

Die Sehnsucht aller Figuren ist die Sehnsucht nach so etwas wie einem normalen Leben. Ich glaube, dass die Sehnsucht, wie man vielleicht zunächst vermuten könnte, gar nicht danach geht, ein außergewöhnliches, ungefügtes, sehr besonderes Leben führen zu wollen, sondern dass alle Sehnsucht eigentlich darauf gerichtet ist, so etwas wie ein ganz alltägliches, geordnetes Leben zu führen, in dem die emotionalen Bindungen klar verteilt sind, die Zugehörigkeiten eindeutig sind, die Sprache funktioniert und der Tag in einen Morgen, Mittag und Abend gegliedert ist und man weiß, wie die kommende Zeit aussehen wird. Es ist eine fast schizophrene Haltung, sein Leben einerseits so einzurichten, dass man von all dem so wenig wie möglich weiß, sich die Zukunft so offen wie möglich hält und sich so selten wie möglich entscheidet, alles jedoch auf der anderen Seite nur auf ein endlich geordnetes Leben hinführen soll, in dem man morgens aufsteht und weiß, wie und wo und mit wem man abends zu Bett gehen wird. Es ist die Sehnsucht nach einer ganz einfachen Struktur. [...]

Matthias Prangel, Judith Hermann: Eine andere Art von Rückblick. Gespräch über „Sommerhaus, später“ (gek.). In: Deutsche Bücher. Forum für Literatur 31 (2001), Heft 4, S. 279 – 298. Zit. nach URL:http://literaturkritik.de/public/druckfassung_rez.php?rez_id=5689 (Abruf: 24.1.2017)

1. *Arbeiten Sie aus dem Interview die Aussagen Judith Hermanns über die Protagonisten ihrer Erzählung „Sommerhaus, später“ heraus.*
2. *Untersuchen Sie das hier dargestellte Verhältnis zwischen der Person der Autorin, der Welt, wie sie sie wahrnimmt, und den von ihr erfundenen fiktiven Figuren. Sie können dieses Verhältnis auch in Form einer Grafik darstellen.*
3. *Beurteilen Sie, welchen Wert die literarische Fiktion in der Erzählung „Sommerhaus, später“ für Sie als Leser hat. Was nehmen Sie persönlich aus der Lektüre „mit“?*

Best.-Nr. 022693

Klausurvorschläge

1. Die Begehung des Hauses

Analysieren Sie den vorliegenden Textauszug (S. 100, Z. 281 – S. 101, Z. 392) unter besonderer Berücksichtigung der Interaktion der Figuren und des Innenlebens der Ich-Erzählerin. Gehen Sie dabei auch auf die erzählerische und sprachliche Gestaltung ein.

2. Literarische Charakterisierung Steins

Verfassen Sie eine literarische Charakterisierung der Figur „Stein".

3. Textanalyse und Erörterung

Untersuchen Sie, wie die Clique um die Ich-Erzählerin beschrieben und wie sie gewertet wird (vgl. S. 99, Z. 89 – 145; S. 102, Z. 415 – 457). Der Literaturkritiker Hellmuth Karasek behauptet, dass sich darin der „Sound einer Generation" spiegele. Erörtern Sie, ob die beschriebenen Tendenzen auch für Ihre unmittelbare Gegenwart zutreffen.

Best.-Nr. 022693

Bewertungsbogen für Klausurvorschlag 1: Die Begehung des Hauses

1. Verstehensleistung

Teilaufgabe 1 Die Schülerin/der Schüler	max. Punktzahl	erreichte Punkte
formuliert eine **funktionalisierte Einleitung**: • Angaben zur Textgattung, Autorin, Erscheinungsjahr und Thematik der Erzählung, etwa: verpasste Chance auf Liebe und Glück angesichts eines von Selbstentfremdung und Indifferenz geprägten Lebensgefühls	6	
formuliert eine **gegliederte Inhaltsübersicht**, etwa: • 1. Sinnabschnitt: fiebernde Hektik Steins und Zögerlichkeit der Ich-Erzählerin bei Eintritt in das Haus • 2. Sinnabschnitt: gemeinsame Begehung des Hauses bei gleichzeitig emotionalem Abstand voneinander • 3. Sinnabschnitt: Dialog zwischen den Protagonisten, dabei schwankende Gefühlslage zwischen Liebe, Euphorie und Angst • 4. Sinnabschnitt: Umschwung der Atmosphäre, beginnende Resignation Steins und hilflose Versuche der Ich-Erzählerin, die Situation zu retten	7	
analysiert im Hauptteil den Textabschnitt unter **Berücksichtigung der Interaktion der Figuren und des Innenlebens der Ich-Erzählerin**, etwa: zur erzählerischen Gestaltung: • Ich-Erzählform, Wechsel zwischen Erzählerbericht, szenischem Erzählen durch Dialoge und inneren Monologen • lakonisch-nüchterner Sprachstil, überwiegend parataktischer Satzbau mit vielen Reihungen	5	
1. Sinnabschnitt: • Kontrast zwischen der fiebernden Hektik, der Euphorie und dem Vertrauen Steins in das Haus und der zögerlich-ängstlichen Reaktion der Ich-Erzählerin, die einen Einsturz befürchtet • Ruinen-Charakter des Hauses als Hinweis auf die Brüchigkeit der Verbindung zwischen den früher Liebenden • Berührung der Hände als Moment des Umschwungs, Wiederaufflackern der Sehnsucht nach Liebe und Beziehung seitens der Ich-Erzählerin	9	
2. Sinnabschnitt: • hastige und z. T. sprachlose Vorstellung der Räume und Gegenstände im Haus durch Stein, dessen Handlungen seine Liebe und seine Begeisterung für das Objekt ausdrücken • Fragen und Ausrufe Steins nur scheinbar Dialogangebote, in Wahrheit jedoch Selbstgespräche • Körpersprache (Anklammern an Stein) und Verstummen der Ich-Erzählerin als äußeres Zeichen für das Gefühl des Selbstverlusts • unbewusste Reaktion der Ich-Erzählerin, die ein Zitat an der Wand laut vorliest und dabei ihre eigene verdrängte Liebessehnsucht offenbart, daraufhin „irr[es]" (Z. 324) Aufhorchen Steins und Rücknahme des Gesagten durch die Ich-Erzählerin als (verpasster) Moment für eine Liebeserklärung • grobe Behandlung bei der weiteren Begehung durch Stein als Zeichen für dessen Handlungsunsicherheit und als Auslöser von Ängsten bei der Ich-Erzählerin	10	

Best.-Nr. 022693

3. Sinnabschnitt: • Selbstäußerung Steins zu seinen Plänen, mit der Clique gemeinsam in dem Haus zu wohnen, verrät implizit die Kritik an deren und auch am Lebenswandel der Ich-Erzählerin (v.a. in Bezug auf den Drogenkonsum), abfällige Begrifflichkeiten („gottverdammtes Gras […] und Scheiße", „Scheißessen", „Koks einfahren, bis dir der Schädel platzt", Z. 332 ff.) • instinktive Abwehrreaktion der Ich-Erzählerin, die Stein „noch nie so unverschämt" (Z. 330 f.) erlebt hat, erkennbar durch das Zittern, die Bitte aufzuhören und das Zurückzucken vor seiner Berührung • körpersprachliche Signale (heftiges Atmen, gegenseitiges Anblicken) verraten äußerste Erregung zwischen Liebes- und Angstgefühlen, die die Ich-Erzählerin nicht aushält • Wut auf die anderen, die die Ich-Erzählerin „alleine gelassen hatten" (Z. 353), als Hinweis auf die Verlagerung der Verantwortung für die eigenen Entscheidungen nach außen und als Symbol für die Flucht vor sich selbst und den Gefühlen • mangelndes Verständnis der Ich-Erzählerin für die Erfordernisse der Situation, Anzeichen für Selbstentfremdung, da nur von „viel zu weit weg" (Z. 350) etwas verstanden wird, und Depression, die sich hier als Mattigkeit und Erschöpfung äußert	12	
4. Sinnabschnitt • Steins Innehalten bei den Annäherungsversuchen als Hinweis auf den Gefühlsumschwung von Euphorie zur Resignation • Schuldgefühle der Ich-Erzählerin und scheiternde Versuche, diese abzumildern • Abwehr der eigenen Sehnsüchte durch die Ich-Erzählerin, die sich für den Wunsch hasst, noch einmal von Stein mit einem liebevollen Blick angesehen zu werden • Rationalisierungsversuche, Bitte um eine Erklärung des Geschehens angesichts der Unfähigkeit, die Begehung des Hauses als Liebeserklärung anzuerkennen	6	
fasst im Schlussteil wesentliche Ergebnisse **zusammen** und **wertet** sie, etwa: • Gefühlslage der Ich-Erzählerin verrät ambivalente Impulse zwischen Liebessehnsucht, Angst und Abwehr, wobei jedoch das, was sie lähmt (Indifferenz, depressive Gefühle), überwiegt • Kommunikationsunfähigkeit und Verständigungsprobleme bei beiden Figuren, die ihre Liebesgefühle, Sehnsüchte und Ängste nicht artikulieren können • Scheitern der Liebe trotz gegenseitiger Anziehung und Überzeugungen (beiderseitige Anerkennung des Hauses als „das Haus" (Z. 280) und als vage Möglichkeit eines gemeinsamen Lebens		
erfüllt ein weiteres aufgabenbezogenes Kriterium.	(5)	
Summe Teilaufgabe 1	72	

2. Darstellungsleistung

Anforderungen **Die Schülerin/der Schüler**	**max. Punktzahl**	**erreichte Punkte**
strukturiert ihren/seinen Text kohärent, schlüssig, stringent und gedanklich klar: • angemessene Gewichtung der Teilaufgaben in der Durchführung • gegliederte und angemessen gewichtete Anlage der Arbeit • schlüssige Verbindung der einzelnen Arbeitsschritte • schlüssige gedankliche Verknüpfung von Sätzen	6	
formuliert unter Beachtung der fachsprachlichen und fachmethodischen Anforderungen: • Trennung von Handlungs- und Metaebene • begründeter Bezug von beschreibenden, deutenden und wertenden Aussagen • Verwendung von Fachtermini in sinnvollem Zusammenhang • Beachtung der Tempora • korrekte Redewiedergabe (Modalität)	6	

Best.-Nr. 022693

belegt Aussagen durch angemessenes und korrektes Zitieren: • sinnvoller Gebrauch von vollständigen oder gekürzten Zitaten in begründender Funktion	3	
drückt sich allgemeinsprachlich präzise, stilistisch sicher und begrifflich differenziert aus: • sachlich-distanzierte Schreibweise • Schriftsprachlichkeit • begrifflich abstrakte Ausdrucksfähigkeit	5	
formuliert lexikalisch und syntaktisch sicher, variabel und komplex (und zugleich klar)	5	
schreibt sprachlich richtig	3	
Summe Darstellungsleistung	**28**	

Bewertung:	**max. Punktzahl**	**erreichte Punkte**
Summe insgesamt (Verstehens- und Darstellungsleistung):	**100**	

Kommentar:

____

____

____

____

Die Arbeit wird mit der Note ______________________________ **beurteilt.**

Datum: ____________________ Unterschrift: ______________________________

Bepunktung

Note	Punkte	erreichte Punktzahl
sehr gut plus	15	100–95
sehr gut	14	94–90
sehr gut minus	13	89–85
gut plus	12	84–80
gut	11	79–75
gut minus	10	74–70
befriedigend plus	9	69–65
befriedigend	8	64–60
befriedigend minus	7	59–55
ausreichend plus	6	54–50
ausreichend	5	49–45
ausreichend minus	4	44–39
mangelhaft plus	3	38–33
mangelhaft	2	32–27
mangelhaft minus	1	26–20
ungenügend	0	19–0

Best.-Nr. 022693

Judith Hermann (geb. 1970): Sommerhaus, später

Stein fand das Haus im Winter. Er rief mich irgendwann in den ersten Dezembertagen an und sagte: „Hallo“, und schwieg. Ich schwieg auch. Er sagte: „Hier ist Stein“, ich sagte: „Ich weiß“, er sagte: „Wie geht’s denn“, ich sagte: „Warum rufst du an“, er sagte: „Ich hab’s gefunden“, ich fragte verständnislos: „Was hast du gefunden?“ und er antwortete gereizt: „Das Haus! Ich hab das Haus gefunden.“

Haus. Ich erinnerte mich. Stein und sein Gerede von *dem* Haus, raus aus Berlin, Landhaus, Herrenhaus, Gutshaus, Linden davor, Kastanien dahinter, Himmel darüber, See märkisch, drei Morgen Land mindestens, Karten ausgebreitet, markiert, Wochen in der Gegend rumgefahren, suchend. Wenn er dann zurückkam, sah er komisch aus, und die anderen sagten: „Was erzählt der bloß. Das wird doch nie was.“ Ich vergaß das, wenn ich Stein nicht sah. Wie ich auch ihn vergaß.

Ich zündete mir mechanisch eine Zigarette an, wie immer, wenn Stein irgendwie auftrat und mir also wenig einfiel. Ich sagte zögernd: „Stein? Hast du’s gekauft?“, und er schrie: „Ja!“, und dann fiel ihm der Hörer aus der Hand. Ich hatte ihn noch nie schreien gehört. Und dann war er wieder dran und schrie weiter, schrie: „Du *musst* es dir ansehen, es ist unglaublich, es ist großartig, es ist toll!“ Ich fragte nicht, wieso gerade ich mir das ansehen sollte. Ich hörte zu, obwohl er dann lange nichts mehr sagte.

„Was machst du gerade?“, fragte er schließlich, es klang geradezu obszön, und seine Stimme zitterte ein wenig. „Nichts“, sagte ich. „Ich sitze so rum und lese Zeitung.“ – „Ich hol dich ab. In zehn Minuten“, sagte Stein und legte auf.

Fünf Minuten später war er da, nahm den Daumen auch dann noch nicht von der Klingel, als ich ihm schon lange geöffnet hatte. Ich sagte: „Stein, das nervt. Hör auf zu klingeln“, ich wollte sagen: Stein, es ist saukalt draußen, ich habe keine Lust, mit dir rauszufahren, verschwinde. Stein hörte auf zu klingeln, legte den Kopf schief, wollte was sagen, sagte nichts. Ich zog mich an. Wir fuhren los, sein Taxi roch nach Zigaretten, ich kurbelte das Fenster herunter und hielt mein Gesicht in die kalte Luft.

Die Beziehung zu Stein, wie die anderen das nannten, lag damals schon zwei Jahre zurück. Sie hatte nicht lange angedauert und vor allem aus gemeinsamen Fahrten mit seinem Taxi bestanden. Ich hatte ihn in seinem Taxi kennengelernt. Er hatte mich zu einem Fest gefahren und auf der Autobahn eine Trans-AM-Kassette in den Rekorder geschoben, als wir da waren, sagte ich, das Fest sei jetzt doch woanders, und wir fuhren weiter, und irgendwann schaltete er die Uhr ab. Er kam mit zu mir. Er stellte seine Plastiktüten in meinen Flur und blieb drei Wochen lang. Stein hatte nie eine eigene Wohnung besessen, er zog mit diesen Tüten durch die Stadt und schlief mal hier und mal da, und wenn er nichts fand, schlief er in seinem Taxi. Er war nicht das, was man sich unter einem Obdachlosen vorstellt. Er war sauber, gut angezogen, nie verwahrlost, er hatte Geld, weil er arbeitete, er hatte eben keine eigene Wohnung, vielleicht wollte er keine.

In den drei Wochen, in denen Stein bei mir lebte, fuhren wir mit seinem Taxi durch die Stadt. Das erste Mal über die Frankfurter Allee, bis zu ihrem Ende und wieder zurück, wir hörten Massive Attack und rauchten und fuhren die Frankfurter Allee wohl eine Stunde lang rauf und runter, bis Stein sagte: „Verstehst du’s?“
Mein Kopf war völlig leer, ich fühlte mich ausgehöhlt und in einem seltsamen Schwebezustand, die Straße vor uns war breit und nass vom Regen, die Scheibenwischer schoben sich über die Windschutzscheibe, vor – zurück. Die Stalin-Bauten zu beiden Seiten der Straße waren riesig und fremd und schön. Die Stadt war nicht mehr die Stadt, die ich kannte, sie war autark und menschenleer, Stein sagte: „Wie ein ausgestorbenes Riesentier“, ich sagte, ich würde ihn verstehen, ich hatte aufgehört zu denken.

Danach fuhren wir fast immer mit dem Taxi herum. Stein hatte für jede Strecke eine andere Musik, Ween für die Landstraßen, David Bowie für die Innenstadt,

Bach für die Alleen, Trans-AM nur für die Autobahn. Wir fuhren fast immer Autobahn. Als der erste Schnee fiel, stieg Stein an jedem Rastplatz aus dem Auto, rannte auf den verschneiten Acker und vollführte dort langsame und konzentrierte Tae-kwon-do-Bewegungen, bis ich lachend und wütend schrie, er solle zurückkommen, ich wolle weiterfahren, mir sei kalt.

Irgendwann hatte ich genug. Ich packte ihm seine drei Plastiktüten zusammen und sagte, es sei Zeit, dass er sich eine neue Bleibe suche. Er bedankte sich und ging. Er zog zu Christiane, die unter mir wohnte, dann zu Anna, zu Henriette, zu Falk, dann zu den anderen. Er vögelte sie alle, das ließ sich nicht vermeiden, er war ziemlich schön, Fassbinder hätte seine helle Freude an ihm gehabt. Er war dabei. Und auch nicht. Er gehörte nicht dazu, aber aus irgendeinem Grund blieb er. Er saß Modell in Falks Atelier, legte Kabel auf Annas Konzerten, hörte Heinzes Lesungen im Roten Salon. Er applaudierte im Theater, wenn wir applaudierten, trank, wenn wir tranken, nahm Drogen, wenn wir sie nahmen. Er war auf den Festen dabei, und wenn wir rausfuhren, sommers, in die schäbigen, schiefen, kleinen Landhäuschen, die sie bald alle hatten, und auf deren morschen Zäunen „Berliner raus!" geschmiert war, kam er mit. Und ab und an nahm ihn einer von uns mit ins Bett, und ab und an sah einer zu.

Ich nicht. Ich wiederholte nicht. Ich kann sagen – es war nicht meine Art. Ich konnte mich auch nicht erinnern, wie das, wie also Sex mit Stein gewesen war.

Wir saßen mit ihm da rum, in den Gärten und Häusern von Leuten, mit denen wir nichts zu tun hatten. Arbeiter hatten da gelebt, Kleinbauern, Hobbygärtner, die uns hassten und die wir hassten. Den Einheimischen gingen wir aus dem Weg, schon an sie zu denken machte alles kaputt. Es passte nicht. Wir klauten ihnen das „Unter-uns-Sein", entstellten die Dörfer, Felder und noch den Himmel, das kriegten sie mit, an der Art und Weise, wie wir da umhergingen im Easy-Rider-Schritt, die abgebrannten Jointstummel in die Blumenrabatten ihrer Vorgärten schnippten, uns anstießen, echauffiert. Aber wir wollten da sein, trotz allem. In den Häusern rissen wir die Tapete runter, entfernten Plaste und Elaste, Stein machte das; wir saßen im Garten, tranken Wein, guckten blöde auf Baumgruppe in Mückenschwarm und redeten über Castorf und Heiner Müller und Wawerzineks letzten Absturz in der Volksbühne. Wenn Stein genug gearbeitet hatte, setzte er sich zu uns. Zu sagen hatte er nichts. Wir nahmen LSD, Stein nahm es auch. Toddi taumelte ins Abendlicht, faselte bei jeder Berührung etwas von „Blau", Stein lächelte übertrieben heiter und schwieg. Er bekam ihn nicht hin, unseren spitzfindigen, neurasthenischen, abgefuckten Blick, obwohl er sich darum bemühte; meist sah er uns an, als ob wir auf einer Bühne agierten. Einmal war ich mit ihm allein, vielleicht im Garten von Heinzes Haus in Lunow, die anderen aufgebrochen zum Sonnenuntergang auf Speed. Stein räumte Gläser, Aschenbecher, Flaschen und Stühle weg. Es gelang ihm. Bald erinnerte nichts mehr an die anderen. „Willst du Wein?", fragte er, ich sagte: „Ja", wir tranken, rauchten schweigend, er lächelte jedesmal, wenn wir uns ansahen. Und das war's.

Ich dachte: „Und das war's", als ich jetzt neben Stein im Taxi saß, Frankfurter Allee Richtung Prenzlau, Nachmittagsverkehr. Der Tag war diesig und kalt, Staub in der Luft, glotzende, blöde, fingerreckende, müde Autofahrer neben uns. Ich rauchte eine Zigarette und fragte mich, warum gerade ich jetzt neben Stein sitzen musste, warum er gerade mich angerufen hatte – weil ich ein Anfang gewesen war, für ihn? Weil er Anna oder Christiane oder Toddi nicht erreicht hatte? Weil keiner von denen mit ihm rausgefahren wäre? Und warum fuhr ich mit ihm raus? Ich kam an keine Antwort heran. Ich warf die Zigarettenkippe aus dem Fenster, ignorierte den Kommentar des Autofahrers neben uns; im Taxi war es scheußlich kalt. „Stimmt was mit der Heizung nicht, Stein?" Stein antwortete nicht. Es war das erste Mal, dass wir wieder zusammen in seinem Auto saßen, seit damals, ich sagte nachsichtig: „Stein, was ist das für ein Haus. Was hast du dafür bezahlt." Stein schaute unkonzentriert in den Rückspiegel, fuhr über rote Ampeln, wechselte unentwegt die Spur, zog die Glut seiner Zigarette bis an die Lippen herunter.
„80 000", sagte er. „Ich hab 80 000 Mark dafür bezahlt. Es ist schön. Ich hab's gesehen und hab gewusst – das ist es." Er hatte rote Flecken im Gesicht und hämmerte mit der flachen Hand auf die Hupe, während er einem Bus die Vorfahrt nahm. Ich sagte: „Woher hast du 80 000 Mark?", er warf mir einen kurzen Blick zu und antwortete: „Du stellst die falschen Fragen." Ich beschloss, nichts mehr zu sagen.

Wir verließen Berlin, Stein fuhr von der Autobahn hinunter auf die Landstraße, es begann zu schneien. Ich wurde müde, wie immer beim Autofahren. Ich starrte auf die Scheibenwischer, in den wirbelnden Schnee, der uns in konzentrischen Kreisen entgegenkam, ich dachte an das Autofahren mit Stein vor zwei Jahren, an die seltsame Euphorie, an die Gleichgültigkeit, an die Fremdheit. Stein fuhr ruhiger, sah ab und an flüchtig zu mir hin. Ich fragte: „Funktioniert der Kassettenrekorder nicht mehr?" Er lächelte, sagte: „Doch. Ich wusste nicht ... wenn du's noch magst." Ich verdrehte die Augen – „Natürlich mag ich's noch." –, schob die Callaskassette in den Rekorder, auf der

Best.-Nr. 022693

Stein eine Donizettiarie zwanzigmal hintereinander montiert hatte. Er lachte. „Du weißt das noch." Die Callas sang, sie ging hoch und ruvnter, Stein beschleunigte und verlangsamte, ich musste auch lachen und berührte mit der Hand kurz seine Wange. Die Haut war ungewohnt stachelig. Ich dachte: „Was ist gewohnt", Stein sagte: „Siehste", und ich sah, dass er es sofort bereute.

Hinter Angermünde bog er von der Landstraße ab und bremste vor der Einfahrt zu einem Sechzigerjahre-Flachbau so heftig, dass ich mit dem Kopf gegen die Windschutzscheibe flog. Ich fragte enttäuscht und beunruhigt: „Ist es das?", und Stein freute sich darüber und schlitterte auf dem vereisten Beton mit übertriebenen Bewegungen auf die Frau im Küchenkittel zu, die aus der Haustür getreten war. An ihren Kittel krallte sich ein blasses, kümmerliches Kind. Ich kurbelte die Scheibe herunter, hörte, wie er mit jovialer Herzlichkeit: „Frau Andersson!" rief – ich hatte seine Art, mit Leuten dieses Schlags umzugehen, schon immer gehasst –, sah, wie er ihr die Hand entgegenstreckte und wie sie sie nicht nahm, sondern ein riesiges Schlüsselbund hineinfallen ließ. „Wasser gibt's nicht bei Frost", sagte sie. „Zuleitung is kaputt. Aber Strom wollnse nächste Woche anstelln." Das Kind an ihrem Kittel fing an zu heulen. „Macht nix", sagte Stein, schlitterte zum Auto zurück, blieb vor meiner heruntergekurbelten Scheibe stehen und bewegte sein Becken elegant und obszön im Kreis. Er sagte: „Come on baby, let the good times roll." Ich sagte: „Stein. Lass das", ich spürte, wie ich rot wurde, das Kind ließ den Kittel der Frau los und ging einen erstaunten Schritt auf uns zu.

„Die haben drin gewohnt", sagte Stein, als er den Motor wieder anließ; er setzte rückwärts auf die Landstraße, der Schnee fiel jetzt dichter, ich drehte mich um und sah die Frau und das Kind im erleuchteten Rechteck der Tür stehen, bis das Haus hinter einer Kurve verschwand. „Sie sind sauer, weil sie vor einem Jahr rausmussten. Aber nicht ich hab sie rausgesetzt, sondern der Eigentümer aus Dortmund. Ich hab's bloß gekauft. Von mir aus hätten sie drinbleiben können." Ich sagte verständnislos: „Die sind doch ekelhaft", und Stein sagte: „Was ist ekelhaft" und warf mir das Schlüsselbund in den Schoß. Ich zählte die Schlüssel, es waren dreiundzwanzig Stück, ganz kleine und sehr große, alle alt und mit schöngeschwungenem Griff, ich sang halblaut vor mich hin: „Der Schlüssel zum Stall, der Schlüssel zum Boden, der fürs Tor, für die Scheune, fürs gute Zimmer, für Melkkammer, Briefkasten, Keller und Gartentor", und auf einmal – ohne dass ich das wirklich gewollt hätte – verstand ich Stein, seine Begeisterung, seine Vorfreude, seine Fiebrigkeit. Ich sagte: „Es ist schön, dass wir da zusammen hinfahren, Stein", und er weigerte sich, mich anzusehen, und sagte: „Jedenfalls kann man von der Veranda aus die Sonne hinterm Kirchturm untergehen sehen. Und wir sind gleich da. Hinter Angermünde kommt Canitz, und in Canitz steht das Haus."

Canitz war schlimmer als Lunow, schlimmer als Templin, schlimmer als Schönwalde. Graue, geduckte Häuser auf beiden Seiten der gekrümmten Landstraße, Bretterverschläge vor vielen Fenstern, kein Laden, kein Bäcker, kein Gasthaus. Das Schneegestöber nahm zu. „Viel Schnee hier, Stein", sagte ich, und er sagte: „Klar", als hätte er den Schnee zusammen mit dem Haus gekauft. Als auf der linken Seite der Straße die Dorfkirche auftauchte, dann doch schön und rot mit einem runden Glockenturm, fing Stein an, ein summendes, seltsames Geräusch zu machen, wie eine Fliege, die im Sommer gegen die geschlossenen Fenster stößt. Er lenkte das Auto auf einen kleinen Querweg, bremste ab, nahm im selben Moment mit einer emphatischen Geste die Hände vom Lenkrad und sagte: „Das ist es."

Ich sah aus dem Autofenster und dachte: „Das ist es noch fünf Minuten." Das Haus sah aus, als würde es jeden Moment lautlos und plötzlich in sich zusammenfallen. Ich stieg aus und schloss die Wagentür so vorsichtig, als könne jede Erschütterung eine zu viel sein, und auch Stein lief auf Zehenspitzen auf das Haus zu. Das Haus war ein Schiff. Es lag am Rand dieser canitzschen Dorfstraße wie ein in lange vergangener Zeit gestrandetes, stolzes Schiff. Es war ein großes, zweistöckiges Gutshaus aus rotem Ziegelstein, es hatte ein skelettiertes Giebeldach mit zwei hölzernen Pferdeköpfen zu beiden Seiten, in den meisten Fenstern waren keine Scheiben mehr. Die windschiefe Veranda wurde nur noch vom dichten Efeu zusammengehalten, und durchs Mauerwerk liefen daumendicke Risse. Das Haus war schön. Es war *das* Haus. Und es war eine Ruine.

Das Tor, von dem Stein versuchte, das Schild mit der Aufschrift „Zu verkaufen" zu entfernen, sank mit einem Klagelaut um. Wir stiegen darüber hinweg, dann blieb ich stehen, erschrocken über Steins Gesichtsausdruck, und sah, wie er hinter dem Efeu der Veranda verschwand. Kurz darauf fiel ein Fensterrahmen aus dem Haus, Steins fieberndes Gesicht erschien zwischen den Glaszacken einer Scheibe, angeleuchtet vom Schein einer Petroleumlampe.
„Stein!", rief ich. „Komm da raus! Es stürzt zusammen!"
„Komm rein!", rief er zurück. „Es ist doch mein Haus!"
Ich fragte mich kurz, weshalb das beruhigend sein sollte, dann stolperte ich über Mülltüten und Schrott auf die Veranda zu. Ihre Bretter ächzten, der Efeu ver-

schluckte sofort jedes Licht, ich schob angewidert die Ranken beiseite, und dann zog mich Steins eiskalte Hand in den Hausflur hinein. Ich griff zu. Ich griff nach seiner Hand, plötzlich wollte ich seine Berührung nicht wieder verlieren, und erst recht nicht den Schein seiner kleinen Petroleumfunzel; Stein summte, und ich folgte ihm.

Er stieß alle Fensterläden in den Garten hinaus, und wir sahen das letzte Tageslicht durch die roten Scheibensplitter der Türen. Das Schlüsselbund, das schwer in meiner Jackentasche wog, war überhaupt nicht notwendig, alle Türen standen offen oder waren nicht mehr vorhanden. Stein leuchtete, zeigte, beschrieb, stellte sich atemlos vor mich hin, wollte etwas sagen, sagte nichts, zog mich weiter. Streichelte Treppengeländer und Klinken, klopfte gegen Wände, zupfte Tapete herunter und bestaunte den staubigen Putz, der darunter zum Vorschein kam. Er sagte: „Siehst du?“ und: „Fühl mal!“ und: „Wie findest du das?“, ich brauchte ihm nicht zu antworten, er redete zu sich selbst. Er kniete sich in der Küche auf den Boden, wischte mit den Händen den Dreck von den Fliesen und sprach vor sich hin; ich klammerte mich die ganze Zeit über an ihn und war doch nicht mehr vorhanden. An den Wänden hatten Jugendliche ihre Markierungen hinterlassen – *Geh zu ihr und lass deinen Drachen steigen. Ich war hier. Mattis. No risk, no fun* – ich sagte: „Geh zu ihr und lass deinen Drachen steigen“, Stein drehte sich plötzlich irr zu mir herum und sagte: „Was?“, ich sagte: „Nichts.“ Er packte mich am Arm und schob mich vor sich her, stieß die Hintertür mit einem Fußtritt in den Garten hinaus und mich eine kleine Treppe herunter. „Hier.“

Ich sagte: „Was – hier.“
„Na alles!“, sagte Stein, ich hatte ihn noch nie so unverschämt erlebt. „See, märkisch, Kastanien auf dem Hof, drei Morgen Land, ihr könnt euer gottverdammtes Gras hier anbauen und Pilze und Hanf und Scheiße. Platz genug, verstehst du? Platz genug! Ich mach euch hier 'nen Salon und 'n Billardzimmer und 'n Raucherzimmer und jedem seinen eigenen Raum und großer Tisch hinterm Haus für Scheißessen und Dreck, und dann kannste aufstehen und zur Oder laufen und dir da Koks einfahren, bis dir der Schädel platzt“, er drehte grob meinen Kopf aufs Land hinaus, es war zu dunkel, ich konnte fast nichts mehr erkennen, ich fing an zu zittern.
Ich sagte: „Stein. Bitte. Hör auf.“

Er hörte auf. Er schwieg, wir schauten uns an, wir atmeten heftig und fast im gleichen Rhythmus. Er legte seine Hand langsam an mein Gesicht, ich zuckte zurück, er sagte: „In Ordnung. In Ordnung, in Ordnung. O.K.“

Ich stand still. Ich verstand nichts. Sehr fern verstand ich doch etwas, aber es war noch viel zu weit weg. Ich war erschöpft und matt, ich dachte an die anderen und spürte eine kurze Wut darüber, dass sie mich hier alleine gelassen hatten, dass niemand da war, Christiane nicht, Anna nicht, Heinze nicht, um mich vor Stein zu schützen. Stein scharrte mit den Füßen herum und sagte: „Tut mir leid.“
Ich sagte: „Macht nichts. Schon gut.“
Er nahm meine Hand, seine Hand war jetzt warm und weich, er sagte: „Also, die Sonne hinterm Kirchturm.“
Er wischte auf der Veranda den Schnee von den Treppenstufen und forderte mich zum Sitzen auf. Ich setzte mich. Mir war unglaublich kalt. Ich nahm die angezündete Zigarette, die er mir hinhielt, rauchte, starrte auf den Kirchturm, hinter dem die Sonne schon untergegangen war. Ich hatte das schuldige Gefühl, irgendetwas Zukunftsweisendes, Optimistisches sagen zu müssen, ich fühlte mich verwirrt, ich sagte: „Ich würde den Efeu von der Veranda wegmachen, im Sommer. Sonst können wir nichts sehen, wenn wir hier sitzen wollen und Wein trinken.“
Stein sagte: „Mach ich.“
Ich war mir sicher, dass er überhaupt nicht zugehört hatte. Er saß neben mir, er sah müde aus, er schaute auf die leere, schneeweiße, kalte Straße; ich dachte an den Sommer, an die Stunde in Heinzes Garten in Lunow, ich wünschte mir, dass mich Stein noch einmal so ansehen würde, wie er mich damals angesehen hatte, und ich hasste mich dafür. Ich sagte: „Stein, kannst du mir was sagen, bitte? Kannst du mir vielleicht irgendetwas erklären?“
Stein schnickte seine Zigarette in den Schnee, sah mich nicht an, sagte: „Was soll ich dir denn sagen. Das hier ist eine Möglichkeit, eine von vielen. Du kannst sie wahrnehmen, oder du kannst es bleiben lassen. Ich kann sie wahrnehmen oder abbrechen und woanders hingehen. Wir können sie zusammen wahrnehmen oder so tun, als hätten wir uns nie gekannt. Spielt keine Rolle. Ich wollt's dir nur zeigen, das ist alles.“
Ich sagte: „Du hast 80 000 Mark bezahlt, um mir eine Möglichkeit zu zeigen, eine von vielen? Hab ich das richtig verstanden? Stein? Was soll das?“
Stein reagierte nicht. Er beugte sich vor und sah angestrengt auf die Straße, ich folgte seinem Blick; die Straße war dämmrig, der Schnee reflektierte das letzte Licht und blendete. Auf der anderen Straßenseite stand jemand. Ich kniff die Augen zusammen und richtete mich auf, die Gestalt war vielleicht fünf Meter entfernt, sie drehte sich um und lief in den Schatten zwischen zwei Häusern. Ein Gartentor klappte, ich war überzeugt, das Kind aus Angermünde erkannt zu haben, das blasse, blöde Kind, das sich an den Kittel der Frau gekrallt hatte.
Stein stand auf und sagte: „Lass uns fahren.“

Ich sagte: „Stein – das Kind. Aus Angermünde. Warum steht es hier auf der Straße herum und beobachtet uns?"
Ich wusste, dass er nicht antworten würde. Er hielt mir die Wagentür auf, ich blieb vor ihm stehen, ich wartete auf irgendetwas, auf eine Berührung, auf eine Geste. Ich dachte: ‚*Du* wolltest doch immer mit uns sein.!
Stein sagte kühl: „Danke, dass du mitgekommen bist."
Da stieg ich ins Auto.

Was für eine Musik wir auf der Rückfahrt gehört haben, weiß ich nicht mehr. Ich habe Stein in den darauffolgenden Wochen auch nur selten gesehen. Die Seen froren zu, wir kauften Schlittschuhe, zogen nachts mit Fackeln durch den Wald und aufs Eis hinaus. Wir hörten Paolo Conte aus Heinzes Ghettoblaster, schluckten Ecstasy und lasen uns die besten Stellen aus Bret Easton Ellis' *American Psycho* vor. Falk küsste Anna, und Anna küsste mich, und ich küsste Christiane. Stein war manchmal dabei. Er küsste Henriette, und wenn er das tat, schaute ich weg. Wir gingen uns aus dem Weg. Er hatte niemandem erzählt, dass er das Haus nun endlich gekauft hatte, er hatte nicht erzählt, dass er mit mir rausgefahren war. Ich auch nicht. Ich dachte nicht an das Haus, aber manchmal, wenn wir mit seinem Taxi zurück in die Stadt fuhren und unsere Schlittschuhe und Fackeln in den Kofferraum warfen, entdeckte ich dort Dachpappe, Tapeten und Wandfarbe.
Im Februar brach Toddi auf dem Griebnitzsee ein. Heinze raste auf Schlittschuhen über das Eis, reckte seine Fackel hoch und schrie: „Was für'n Spaß wir haben können, was für'n Heidenspaß, ich fass es nicht!", er war völlig besoffen, und Toddi schlitterte hinter ihm her, und wir riefen: „Sag: *Blau*, Toddi! Sag es!", und dann knackte es, und Toddi verschwand.
Wir standen still. Heinze zog mit offenem Mund eine großartige Schleife, das Eis summte, von unseren Fackeln tropfte zischend Wachs. Falk rannte los, stolpernd auf Schlittschuhen, Anna riss ihren Schal herunter, Christiane hielt sich dümmlich die Hände vors Gesicht und kreischte dünn. Falk robbte auf dem Bauch, Heinze war nicht mehr zu sehen. Falk schrie nach Toddi, und Toddi schrie zurück. Anna warf ihren Schal, Henriette klammerte sich an Falks Füße, ich blieb stehen. Stein blieb auch stehen. Ich nahm die angezündete Zigarette, die er mir hinhielt, er sagte: *„Blau"*, ich sagte: *„Kalt"*, und dann fingen wir an zu lachen. Wir lachten und krümmten uns und legten uns aufs Eis, und die Tränen liefen uns übers Gesicht; wir lachten und konnten nicht mehr aufhören, auch dann nicht, als sie Toddi brachten, nass und zitternd, und Henriette sagte: „Seid ihr bescheuert, oder was."

Im März verschwand Stein. Er erschien nicht zu Heinzes dreißigstem Geburtstag und nicht zu Christianes Premiere und auch nicht zu Annas Konzert. Er war weg, und als Henriette blöde unauffällig fragte, wo er sei, zuckten sie mit den Schultern. Ich zuckte nicht mit den Schultern, aber ich schwieg. Eine Woche später kam die erste Karte. Es war ein Foto der Dorfkirche von Canitz, und auf der Rückseite stand:

Das Dach ist dicht. Das Kind putzt sich die Nase, spricht nicht, ist immer da. Auf die Sonne ist Verlass, ich rauche, wenn sie geht, ich habe was gepflanzt, das kannst du essen. Den Efeu schneid ich, wenn du kommst, du weißt, du hast die Schlüssel immer noch.

Danach kamen regelmäßig Karten, ich wartete, wenn sie einen Tag ausblieben, war ich enttäuscht. Es waren immer Fotos der Kirche und immer vier oder fünf Sätze, wie kleine Rätsel, manchmal schön, manchmal unverständlich. Stein schrieb oft ... *wenn du kommst.* Er schrieb nicht: „Komm." Ich beschloss, auf das „Komm" zu warten und dann loszufahren. Im Mai kam keine Karte, aber ein Brief. Ich betrachtete Steins ungelenke, große Handschrift auf dem Umschlag, kroch zu Falk ins Bett zurück und riss das Papier auf. Falk schlief noch und schnarchte. Im Umschlag war ein aus dem Angermünder Anzeiger ausgeschnittener Zeitungsartikel, Stein hatte das Datum auf die Rückseite gekritzelt. Ich schob Falks schlafwarmen Körper beiseite, faltete den Artikel auseinander und las:

REGIONALES
In der Nacht zu Freitag brannte in Canitz das ehemalige Gutshaus bis auf die Grundmauern ab. Der Besitzer, ein Berliner, der das im 18. Jahrhundert erbaute Haus vor einem halben Jahr gekauft und wieder instandgesetzt hatte, ist seitdem als vermisst gemeldet. Die Unglücksursache steht noch nicht fest, die Polizei schließt Brandstiftung bisher nicht aus.

Ich las das drei Mal. Falk bewegte sich. Ich starrte von dem Artikel auf Steins Handschrift auf dem Briefumschlag und zurück auf den Artikel. Der Poststempel auf der Briefmarke war aus Stralsund. Falk wachte auf, sah mich einen Moment lang teilnahmslos an, griff dann nach meinem Handgelenk und fragte mit der fiesen Schläue der Dummen:
„Was ist das?"
Ich zog meine Hand weg, stieg aus dem Bett und sagte: „Nichts."
Ich ging in die Küche und stand zehn Minuten lang stumpfsinnig vor dem Herd herum. Die Uhr über dem Herd tickte. Ich lief ins hintere Zimmer, zog die Schreibtischschublade auf und legte den Briefumschlag zu den anderen Karten und dem Schlüsselbund. Ich dachte: „Später."

Judith Hermann: Sommerhaus, später. © S. Fischer Verlag GmbH, Frankfurt am Main 1998